AF241076

L'ÉLÈVE

DE

L'ÉCOLE POLYTECHNIQUE,

OU LA

RÉVOLUTION DE 1830.

PAR HYPPOLITE W.***

✿

TOME I.

✿

PARIS.

LA CHAPELLE, ÉDITEUR,

RUE SAINT-JACQUES, N° 75.

LECOINTE, QUAI DES AUGUSTINS, N° 49.

CORBET AÎNÉ, MÊME QUAI, N° 61.

PIGOREAU, PLACE ST.-GERMAIN-L'AUXERROIS.

—

1830.

L'ÉLÈVE

DE

L'ÉCOLE POLYTECHNIQUE,

OU LA

RÉVOLUTION DE 1830.

SOUS PRESSE,
POUR PARAITRE FIN OCTOBRE.

La Figurante, roman de mœurs. Quatre vol. in-12. Prix : 12 fr.

Le Pompier, roman de mœurs. Cinq vol. in-12. Prix : 15 fr.

EN VENTE.

La Nuit de Sang, roman historique ; par Fleury. Quatre vol. in-12. Prix : 12 fr.

IMPRIMERIE DE A. BARBIER,
RUE DES MARAIS S.-G., N. 17.

a demain.

L'ÉLÈVE

DE

L'ÉCOLE POLYTECHNIQUE,

OU LA

RÉVOLUTION DE 1830.

PAR HYPPOLITE W***.

✻

TOME I.

✻

PARIS.

LA CHAPELLE, ÉDITEUR,
RUE SAINT-JACQUES, N. 75.

LECOINTE, QUAI DES AUGUSTINS, N. 49.
CORBET AINÉ, MÊME QUAI, N. 61.
PIGOREAU, PLACE ST.-GERMAIN-L'AUXERROIS.

—

1830.

L'ÉLÈVE

DE

L'ÉCOLE POLYTECHNIQUE,

OU LA

RÉVOLUTION DE 1830.

CHAPITRE PREMIER.

La famille Villecourt.

—

Gloire et honneur à l'élite de la jeunesse française.

Le nom de chaque élève de l'École polytechnique peut maintenant marcher de pair avec celui des héros des Thermopyles.

Tous les plus hauts faits de l'antiquité pâlissent devant celui qui vient d'illustrer à jamais la nation française, déjà illustrée par tant de siècles de gloire. N'allons plus chercher à Sparte ou à Rome, l'exemple du plus sublime dévouement, du plus pur patriotisme. Le code de Lycurgue était tant soit peu despotique, et ce n'est pas sans raison que l'on a traité d'aristocrate la république romaine. Nous avons aujourd'hui marqué notre place au-dessus des peuples de l'univers, et à notre tête se distingueront les jeunes héros dont je me trouve heureux de publier la gloire.

Ombres sacrées de Foy, de Manuel, de Camille, nous osons vous évoquer aujourd'hui : nous venons de nous montrer dignes de vos généreux efforts, malheureux que nous sommes de ne pouvoir pas vous voir participer au triomphe que vous nous avez ménagé.

Quoi! trois jours ont suffi pour nous soustraire au joug infâme sous lequel le fanatisme et la tyrannie voulaient nous asservir. Rois! il vous fallait tenir cette sévère leçon de vos peuples, pour vous apprendre à mieux respecter leurs droits.

La France n'avait point oublié que dans ses premiers temps elle avait le double droit d'élire et de déposer ses souverains.

C'est en vain qu'en fouillant dans les annales anciennes et modernes des empires, on y chercherait un aussi magnanime et touchant exemple d'union, de patriotisme, d'héroïsme, de modération et de générosité.

Terrible dans son noble emportement, mais clément après la victoire, chaque Français est devenu un héros.

Le triomphe le plus éclatant, le succès le plus inoui, ont couronné nos efforts.

La prospérité est due à une nation qui se montra si valeureuse; et sans doute elle en sera le prix.

Mais quel nom donner à la conduite sublime de ces jeunes héros,
de ces élèves de l'École polytechnique, dont la France avait déjà, en
1814, admiré le dévouement.

Leurs noms à jamais révérés, seront transmis à la postérité la plus
reculée, chargés de l'admiration et
de la reconnaissance de leurs contemporains.

Ernest Villecourt était un des élèves de cette école, si féconde en héros. Fils d'un brave, qui après avoir
versé son sang pour la patrie était
rentré dans ses foyers, il en pleurait
depuis un mois la perte.

La présence de son fils, qui lui
rappelait l'époux qu'elle avait perdu,

avait empêché la mère d'Ernest de se livrer au désespoir. Ses consolations avaient modéré son amère douleur. En ce fils chéri, reposaient toutes les espérances de la veuve.

Une faible pension que le vétéran de la gloire avait eu beucoup de peine à obtenir, s'éteignait avec lui, et les faibles ressources de madame Villecourt se réduisaient à une rente de cinq cents francs, que lui faisait une tante, vieille, riche, dévote et avare, et qui ne pouvait pardonner à sa nièce d'avoir épousé et aimé un des vainqueurs de Marengo.

Des protecteurs qui n'avaient plus de crédit, avaient fourni au père les moyens de donner à son fils l'éducation qu'il avait reçue.

Le mérite du jeune homme avait fait le reste.

Ernest avait deux sœurs, de quelques années plus jeunes que lui, et un frère en bas âge.

Il devenait leur père, et pour eux il pouvait se résoudre à faire une démarche à laquelle il n'aurait jamais pu s'astreindre, s'il ne se fût agi que de son intérêt personnel.

Le métier de solliciteur convient peu à des âmes élevées, mais il leur devenait odieux dans ces derniers temps où le souverain pouvoir était déposé dans les mains de l'hypocrisie, du fanatisme et de la trahison; où les royales faveurs étaient déversées sur l'astuce et l'intrigue, où le mérite était proscrit et la vertu bannie, où le bon droit enfin entièrement méconnu devenait un titre de proscription.

Un voile de deuil couvrait notre France : les mots *honneur*, *patrie*, étaient regardés comme séditieux par ceux-là qui ayant depuis long-temps perdu l'un voulaient encore sacrifier l'autre. Mais ces mots sacrés fermentaient dans nos cœurs et l'explosion qu'ils allaient exciter devait être terrible.

Nos ennemis comptaient écraser le lion endormi ; ils étaient loin de penser que son réveil préviendrait leurs détestables complots.

Il fallait pourtant qu'Ernest se dé-

cidât à aller implorer la pitié de ces
hommes dont les journalières exactions le faisaient gémir.

L'orphelin du soldat ne voulait
rien, ne demandait rien pour lui.
Mais sa mère, ses sœurs allaient être
en proie aux horreurs du besoin, et
quel fils, quel frère voit sa mère et
ses sœurs souffrir, sans chercher à
les soulager !

O fortune ! dans quelles hor-
ribles positions tu nous places par
fois.

Muni d'une lettre de recommandation, l'héritier de la misère et du
patriotisme d'un de nos braves, se
dirige vers le palais d'un des favo-
ris du pouvoir, d'un des arbitres de

nos destinées. Il parvient, non sans peine et sans avoir à souffrir 'plus d'une humiliation, auprès de l'indigne ministre, qui, servile agent du jésuitisme, visait à la perte de notre France.

Heureusement, l'insensé ne travaillait qu'à la sienne.

CHAPITRE II.

La Pétition.

Ernest se trouva donc en présence du plus ardent ennemi de nos libertés, de l'homme qui, parjure lui-même, sut encore rendre un roi de France infidèle aux plus solennels sermens, de celui qui eût exposé ses concitoyens aux horreurs d'une guerre civile, et sa patrie à une perte infaillible, si ses dignes enfans ne l'eussent soustraite aux coups que son bras parricide allait lui porter.

Ernest tressaillit. En vain se disait-il :

« L'impérieuse nécessité l'ordonne!» Le feu de l'indignation, la pâleur de la honte se peignirent tour-à-tour sur ses traits.

Il venait implorer, et son œil était fièrement fixé sur le vénal agent des fureurs d'un parti anti-français. Il semblait vouloir pénétrer les secrets que renfermait l'âme perfide du jésuitique despote.

Son tour fut long à arriver; le pouvoir a toujours des adorateurs, tel abusif qu'il puisse être.

D'un air insolemment orgueilleux , le ministre arracha , plutôt
qu'il ne prit des mains de l'orphelin, la pétition et la lettre de recommandation qui lui étaient pré-
sentées.

L'uniforme dont le solliciteur
était revêtu déplaisait aux lâches :
il leur rappelait trop vivement la
distance qui les séparait de ceux
qui le portaient.

Ernest pouvait taire l'indignation
dont il était pénétré ; mais il aurait
perdu la vie plutôt que d'adresser
un mot de supplique à l'ennemi de
son pays , à l'apôtre de l'absolutisme, de la féodalité et de la tyrannie.

Tout son sang bouillait dans ses veines : être délivré de cet odieux aspect était alors son désir le plus ardent.

La fierté du jeune homme en imposa au caduc ennemi de nos droits.

Après avoir parcouru les papiers qui lui avaient été remis, il prit ce ton mystique, si habituel à ceux qui, portant dans le cœur l'astuce et la perfidie, prêchent la vertu, et protègent la licence, sèment la division et proclament la concorde ; veulent que nous nous croyions libres, et ne s'occupent, ou plutôt ne s'occupaient qu'à river nos fers.

« Monsieur, dit enfin le fidèle » agent de la tyrannie, justice sera

» faite à votre requête si vos droits
» sont légalement prouvés; car beau-
»coup se flattent d'avoir servi la
» France, qui n'ont aidé qu'à prolon-
» ger ses malheurs. »

C'était faire une injurieuse allu-
sion aux longs services de son père,
dont Ernest avait cru pouvoir parler.

Les paroles du ministre le firent
tressaillir. Des éclairs jaillissaient de
ses yeux. Le sourire du mépris con-
tractait ses traits.

Il ne parla pas.

L'homme vénal qui attendait une
réplique, vit qu'il attendait en vain :
il continua alors, et, en parlant, il
froissait les écrits que Villecourt aurait voulu retenir.

Polignac, aussi, était ému, car il avait en partie deviné les sentimens qui agitaient le noble orphelin qu'il avait offensé.

« Mais, je remarque que dans cette » pétition il n'est question que de vo- » tre mère et de vos sœurs : et vous, » que prétendez-vous faire? »

Pour cette fois, la réponse d'Ernest ne se fit pas attendre :

« Je prétends aider mon pays à le » débarrasser de ceux qui prolongent » ses malheurs. »

Et la contenance du jeune homme devint menaçante.

Le ministre recula d'un pas. Il y avait un double sens dans cette phrase auquel il ne se méprit nullement.

Il échangea un regard avec Ville-court et le congédia du geste.

« Ma mère n'obtiendra rien,»pensa l'infortuné, et son cœur se gonfla.

«Mais je n'aurai pas trahi ma pen-
»sée! je n'aurai pas fléchi le genou
»devant l'idole. Sans doute, j'ai ac-
»quis sa haine et il m'en fera sentir
»le poids. S'il me force à renoncer à
»la carrière qui m'est ouverte.... je
»travaillerai... Rien ne me sera im-
»possible pour aider ma famille, ex-
»cepté cependant de mendier des se-
»cours à ceux que je méprise, et de
»souscrire pour les obtenir aux odieu
»ses conditions qui me seraient pro-
»posées. »

Presque soulagé par ces réflexions, l'orphelin sentit son cœur moins oppressé.

CHAPITRE III.

La Nouvelle du 26 juillet.

ERNEST crut qu'il ne devait rien cacher à sa mère de ce qui s'était passé chez le ministre.

Il lui raconta tous les détails de son entrevue avec le suppôt de la tyrannie.

La mère de Villecourt était digne de son époux et de son fils, elle jeta un douloureux regard sur le portrait du premier, serra tendrement le second dans ses bras, essuya quelques larmes qui mouillaient sa paupière et parut résignée.

Les malheurs de sa famille n'empêchaient pas Ernest de prendre une vive part à ceux qui accablaient sa patrie et il ne s'y montrait pas moins sensible.

« Oh! mon pays, s'écriait-il, en » parcourant ces feuilles qui osaient » encore être l'interprète du libéra- » lisme, laisseras-tu cet anarchique » despote flétrir tes lauriers? Le ciel » sera-t-il perpétuellement sourd aux » cris de tes enfans! Combien donc

» encore doit durer le triomphe de
» tes implacables ennemis? »

L'indigence cependant devenait le partage des siens. En vain il implora le secours de sa pieuse tante. Un jésuite guidait toutes ses actions, et jamais l'âme des disciples de Loyola ne fut accessible à la bienfaisance et à la pitié.

Repoussé de toutes parts, il éprouvait par fois les atteintes du désespoir; mais sa belle âme se raidissait contre l'infortune, et il avait encore des consolations à offrir à sa mère.

Absorbé par d'aussi cuisans chagrins, Ernest trouvait cependant encore quelque plaisir à visiter ses anciens camarades.

Avec l'un d'eux, il avait serré les liens d'une intime amitié; mais à celui-là même il n'osait avouer son horrible situation. Il souffrait cependant beaucoup; mais il souffrait sans se plaindre.

L'amitié est clairvoyante. Jules devina une partie de ce que lui cachait soigneusement son ami.

Quelques jours après, une somme d'argent assez forte fut adressée et parvint à madame Villecourt. On la priait de l'accepter comme l'acquit d'une dette contractée envers son époux. C'était noblement déguiser le bienfait; mais la délicatesse du procédé prouvait qu'il venait d'une source pure.

Quelques jours de bonheur allaient donc luire pour cette famille désolée.

Jules n'était pas le seul qui aimât Ernest. Tous ses camarades avaient pour lui le même sentiment. Sa situation connue, on avisa aux moyens de la rendre moins malheureuse.

Chacun y coopéra de son mieux : de là le bienfait.

Point de réponse du ministre. Quelques reproches de la personne à laquelle on s'était adressé pour obtenir la lettre de recommandation, tels furent les fruits de la démarche d'Ernest auprès de l'ex-favori.

Eh! que pouvait-on espérer d'un homme vendu à la caste infâme dont la France s'était plusieurs fois purgée, et qui, toujours renaissante comme l'hydre de la fable, reparaissait plus forte et plus dangereuse que jamais? Quelle justice attendre d'un esclave courbé sous le joug le plus avilissant, de celui enfin qui s'était vendu à la faction puissante qui le dominait, et qui, seulement fidèle à ses iniques sermens, avait juré et consommait la ruine de la France?

Ernest n'avait point pris son ami pour confident de ses chagrins; mais il lui fit part du bonheur que ce dernier lui avait lui-même procuré.

Villecourt pensait bien que Jules n'était point étranger à l'important service que l'on venait de lui rendre; mais en le lui avouant, il n'au-

rait plus été aussi libre de lui pein-
dre la reconnaissance dont il était
pénétré pour ce bienfaiteur inconnu,
ou du moins Jules n'en eût pas aussi
volontiers entendu l'expression, s'il
eût pensé que c'était à lui qu'elle s'a-
dressait.

Tous deux s'entretenaient avec cet
abandon qui n'a lieu qu'entre deux
âmes que la sympathie a rapprochées,
lorsqu'ils furent abordés par un de
leurs camarades.

Sa figure, ordinairement riante,
était sévère. Sur ses traits pâles et
contractés, se témoignait l'expression de la fureur :

« Ah! vous voilà, leur dit-il, en
» leur tendant la main : » et il la leur

pressa avec un mouvement convulsif sans que le moindre sourire vînt modifier son air farouche.

« Qu'as-tu donc? » demanda Ernest.

Le jeune homme lança sur ses camarades un regard scrutateur.

« Seriez-vous partisans..... » balbutia-t-il...

Et il s'arrêta.

Puis il reprit :

« Mais non, c'est impossible, le
» fils d'un soldat, le fils d'un négo-
» ciant recommandable....

— « Où en veux-tu venir? lui de-
» manda Jules.

— » Vous ignorez donc ce qui se
» passe ?

— » Absolument.

— » Je ne suis plus étonné : une
» nouvelle désastreuse...

— » Quoi ! Alger...

— » Il s'agit bien d'Alger...

— » Tenez, voyez... »

Et il leur présenta un journal. Les
deux jeunes gens y jetèrent les yeux,
et partagèrent bientôt l'indignation
de leur ami. Ils avaient lu les ordonnances anti-constitutionnelles du 25
juillet ; ordonnances qui nous recu-
laient au-delà du XIV° siècle, si
nous eussions été assez faibles pour
les accepter ; qui nous couvraient

ainsi d'un opprobre éternel , et nous livraient, sans que nous eussions même conservé le droit de crier merci, à nos plus cruels ennemis, aux sanguinaires esclaves de l'odieux jésuitisme , de l'hydre féodal.

Heureusement ! mille fois heureusement ! la nation a fait justice de ces tyrans odieux qui voulaient et sa honte, et sa misère. Leurs iniques complots ne tendaient qu'à nous perdre, et c'est eux-mêmes qui se sont perdus. Il était temps : après avoir fait notre honte, après nous avoir fait descendre du haut rang que nous occupions dans le monde civilisé, ces ignobles ministres de l'ignorance et de la discorde nous auraient impitoyablement sacrifiés aux monstres qu'ils encensaient.

Français! tel est l'horrible destin qui devait être le nôtre! tels sont les maux dont nous étions menacés! il était impossible qu'ils devinssent notre partage, puisqu'il ne fallait que du courage et du patriotisme pour les éviter.

La liberté est le prix de nos glorieux débats : sachons surtout conserver cette précieuse conquête, sachons punir quiconque oserait y attenter; nous l'avons payée du sang de nos braves.

Souvenons-nous du cri unanime que nous proférions en marchant à la victoire. Paix! union! liberté!

CHAPITRE IV.

Le Jésuite et les Ouvriers.

—

Ernest rendit à son ami le journal qu'il venait de parcourir. D'un caractère plus ouvert que ce dernier, il avait plus de peine à modérer l'indignation que cette funeste nouvelle lui avait fait concevoir : indignation que devaient bientôt partager tous les cœurs vraiment français.

« Quel esprit de vertige anime
» donc le roi? » dit Jules, aussi abattu que ses camarades ; car la stupéfaction fut le premier sentiment
qu'inspira cette étourdissante nouvelle.

— « Demande plutôt quel génie
« de déception l'entraîne à sa perte! »
reprit Ernest.

— « Pourquoi ne parlez-vous que
» du roi? » s'écria Octave, celui qui
venait de leur faire partager sa légi-
time colère; « pourquoi vous occu-
» per d'un monarque qui veut nous
» forcer à porter les fers les plus pe-
» sans et les plus honteux? Cher-
» chons plutôt à trouver les moyens
» de soustraire aux maux incalcula-

» bles qui la menacent notre glo-
» rieuse patrie, notre France si belle,
» si grande, et que l'on veut avilir.

— » Et qui ne sera jamais avilie.
» La main coupable qui a signé cet
» édit honteux, a en même temps si-
» gné sa perte. Quoi! sans en tirer
» une vengeance éclatante, la nation
» française souffrirait que l'on humi-
» liât ainsi ses représentans, ceux
» qu'elle a choisis pour ses défen-
» seurs, investis de sa confiance!
» Ah! le penser seulement est lui
» faire un outrage. On a pris sa patien-
» ce, trop souvent et trop long-temps
» éprouvée, pour une déshonorante
» apathie, pour une lâche insoucian-
» ce : on s'est étrangement trompé.
» Le Français, fatigué de cruelles

» dissensions, voulait de bonne foi
» et l'union, et la paix : on ne veut
» lui accorder ni l'une ni l'autre ; par-
» ce qu'il est sincère, on est perfide.
» On le pousse à bout. Eh bien ! on
» verra que ce n'est pas en vain que
» l'on viole ses droits..., et ce mo-
» ment terrible est arrivé.

— » Cher Ernest, s'il était vrai !

— » Je le crois et l'espère, Jules ;
» suivez-moi dans l'intérieur de Pa-
» ris, et vous jugerez par vous-mê-
» mes de l'effet qu'a produit cette
» nouvelle.

— » Marchons, et voyons ce que
» nous avons à craindre ou à espé-
» rer. »

Les trois amis se trouvaient alors

dans la Cité : tout y était assez calme.

Parvenus sur les quais, ils remarquèrent qu'un nombre considérable d'ouvriers y étaient rassemblés.

Sans doute ils parlaient entre eux de ce qui occupait tous les esprits.

La plupart étaient tristes, mornes et silencieux, d'autres vivement agités : leurs gestes et leurs regards étaient menaçans ; tous paraissaient ne former qu'un vœu, ne tendre qu'à un but.

Un homme vêtu de noir, à la face rubiconde, aux cheveux légèrement saupoudrés, vint à passer près d'eux. Il les regarda avec dédain et effronterie : il y avait quelque chose de satanique dans toute sa personne, et il se redressa de deux doigts. L'air de triomphe qu'il affecta de prendre cessa bientôt, lorsqu'il vit que loin de baisser les yeux, les hommes sur lesquels il portait les siens, le toisaient avec mépris.

« Insolens ! murmura l'homme » noir. Encore quelque temps, et notre » but sera atteint. Nos lois vous gou- » verneront, et vous rendrez à notre » robe le respect qui lui est dû. »

Ces derniers mots étaient prophétiques ; mais celui même qui les prononçait à demi - voix, était loin d'en comprendre le sens.

« Le caffard ! dit un des ouvriers, » que j'aurais de plaisir à abattre un » peu sa morgue !

— » Pourquoi aussi ne flattes-tu
» pas l'orgueil de ce prédicateur de
» l'humilité, en lui faisant un hum-
» ble salut ? »

Et un éclat de rire suivit l'épigramme.

Le jésuite se retourna rouge de
rage :

« Si près de la préfecture, et pas
» un de nos agens ! » pensa-t-il.

En ce moment, les trois élèves
passaient près du groupe. Un de
ceux qui le composaient s'écria en
les désignant :

« A la bonne heure, en voilà de
» ceux auxquels on doit un salut.....
» Ces braves jeunes gens !... cent

» comme eux pour nous guider, et
» Polignac serait bientôt descendu !

—»Ne vous exposez pas inutilement
» en exprimant de telles idées, » dit
Ernest, en s'adressant à l'imprudent.

« Qu'est-ce que ça me fait ! je suis
» ouvrier imprimeur, sans ouvrage
» depuis huit jours, et sans pain par
» conséquent... La loi d'aujourd'hui
» ne me procurera ni l'un ni l'au-
» tre : qu'en pensez-vous ? Cepen-
» dant, je n'ai pas envie de mourir
» de faim... Que faire ?... voler ?... Ma
» foi, non ; et malgré lui, il faudra
» bien que Charles X me donne du
» pain... Oui, je veux me faire cof-
» frer : au moins, j'aurai la table et
» le logement.

— » Malheureux ! comptez - vous » donc pour rien la perte de votre » liberté ?

— » Elle est belle, ma liberté ! » celle de me faire *empoigner* est la » seule que le Polignac m'ait laissée, » encore ça n'arrive pas ; parce que » je le cherche, j'ai assez de gui- » gnon pour ça.

— » C'est le désespoir qui vous » fait parler ainsi.

— » Oui, c'est quelque chose com- » me ça, je l'avoue.

— » Ne vous y livrez pas ; rani- » mez, au contraire, votre courage. » Le moment de la vengeance est » peut - être arrivé. Les ordonnan-

» ces d'aujourd'hui frappent tous les
» Français d'un même coup. Tous les
» Français doivent se soulever et se
» soulèveront, vous le verrez, con-
» tre le tyran qui les oppresse.

— » Vous le croyez, là, franche-
» ment ?

— » J'en suis persuadé.

— » Ah ! si on voulait bien s'en-
» tendre.....

— » On le voudra.

— » Dieu ! comme je me battrais
» de bon cœur !... ça ne serait pas
» difficile, allez....

— » Difficile ou non, la tâche est
» digne de nous, et il faut la rem-
» plir.

— » Et vous ferez comme ceux » de 1814 ?

— » Nous ferons, comme vous et » comme eux, notre devoir.

— » Vous me rassurez, brave jeu- » ne homme, vous me donnez la » force d'attendre. Adieu ! messieurs, » nous nous retrouverons au moment » du danger.

— » Nous le partagerons.

— » Nous le braverons, soyez » tranquilles.

— » Adieu !

— » Adieu ! »

Un serrement de main fut échan- gé ; on se salua de part et d'autre, et chacun continua sa route.

CHAPITRE V.

Charles X.

Il était temps que ce groupe se dispersât. Déjà quelques hommes, au regard fauve, à l'oreille tendue, avaient remarqué ce rassemblement. Ils avaient des ordres pour n'en souffrir aucun, car on redoutait ce qui est survenu : l'union entre tous.

Les jeunes gens marchaient en silence. Ce qu'ils venaient d'entendre fournissait matière à d'étranges réflexions. Leur âme en était navrée.

Sur toutes les physionomies se trouvait l'expression de la haine ; mais de cette haine forte, qui provoque aux combats, qui donne à l'âme le courage du désespoir, et non pas de cette haine passive qui dégrade encore le front humilié de l'esclave courbé sous le joug.

On eût dit que chaque citoyen n'attendait qu'un signal pour punir le traître qui voulait l'avilir.

C'étaient ces signes infaillibles, précurseurs de l'orage, auxquels ne se méprend jamais l'œil exercé des vieux matelots.

Ernest, Jules et Octave voyaient avec plaisir cette unité de sentiment. L'union, qui fait la force des nations, était rétablie parmi leurs concitoyens par ceux mêmes dont l'intérêt était de semer la division et la discorde. Dans une crise aussi forte, toutes les petites haines disparaissent. On n'a plus qu'un but, qu'un seul, et on y marche droit.

Qui pourrait espérer lutter avec succès contre tout un peuple tel que celui que l'on avait offensé?

On nous avait forcés de les refouler jusque dans nos cœurs, ces souvenirs de gloire dont nous étions si fiers, et on avait pris notre silence pour de l'oubli.

Après avoir violé sur tous les points la Charte, que son prédécesseur nous avait offerte, le roi, par l'acte le plus arbitraire, avait porté le dernier coup à nos libertés, et détruit l'acte constitutionnel qui le soutenait sur le trône.

En violant ses sermens, il nous dégageait des nôtres. Roi parjure, il ne méritait plus de fidèles sujets.

En vain voudrait-on rejeter sur les perfides conseillers dont il était entouré, et auxquels il prêtait une si complaisante oreille, la faute irréparable que cet inepte souverain a commise.

Charles aurait pu entendre et connaître la vérité, s'il l'eût voulu.

Au lieu de parcourir des forêts et d'entendre des sermons, c'était dans sa capitale, dans les principales villes de son État, qu'il fallait, qu'il devait faire des excursions, c'était aux séances de nos Chambres, qu'il fallait, qu'il devait assister.

Là, il aurait entendu nos braves défenseurs; il aurait appris la vraie situation de ses peuples, et de quels sentimens ils étaient pénétrés. Il aurait reconnu l'impéritie de ses ministres, et surtout l'odieux des calomnies qu'ils se plaisaient à déverser sur une nation qui respecte ses chefs, mais qui abhorre les tyrans. C'était l'unique moyen d'échapper à l'abîme qu'ils ouvraient sous ses pas, et dans lequel leurs systèmes dévastateurs voulaient nous entraîner.

Mais le blasé Charles X , après avoir passé dans l'inutilité et la débauche les belles années de sa vie , en voulait consacrer les dernières au repentir. L'insensé croyait faire une action méritoire en suivant les perfides avis d'une faction ennemie des peuples et des rois. En vain , plusieurs de ses aïeux, dont il était si fier, étaient-ils tombés sous ses coups. Ses yeux , fascinés par l'hypocrisie et le fanatisme, ne devaient plus se rouvrir à la lumière, et le coup terrible qui l'a frappé, et renversé pour jamais du trône, n'a pu même dissiper son aveuglement. Il en donne une irrécusable preuve par la conduite qu'il a tenue dans sa dernière résidence.

Généreux envers celui même qui avait signé notre perte, n'imputons qu'à sa faiblesse une action dont nous avons fait justice, et qui le place dignement à côté du fauteur de la Saint-Barthélemy, son émule en faiblesse et en tyrannie. Accordons-lui encore, s'il est possible, la pitié que l'on doit à un grand pouvoir déchu; plaignons-le d'avoir pu méconnaître les Français, et d'avoir été honteusement chassé par eux comme indigne et incapable de les gouverner.

Mais quels noms donner aux infâmes qui l'ont abusé, qui ont pro-

fité de sa sotte crédulité pour entre-
tenir son égarement et le décider à
devenir parricide et parjure. Leurs
contemporains les vouent au mépris
et à l'exécration, et les générations
futures prononceront sur eux le
même anathême.

CHAPITRE VI.

Le Noble et le Prêtre.

———

Le prêtre *insulté* par ceux qu'il appelait de la *canaille*, et qui devaient sous peu donner au monde le plus éclatant exemple de magnanimité, ce prêtre, disons-nous, n'était rien moins que le confesseur d'une excellence dont l'astre pâlissait; mais qui, cependant, était encore en crédit.

Tout gonflé d'orgueil et de courroux, il arriva chez une comtesse du *noble* faubourg, ou plutôt du faubourg des nobles, et lui raconta, en amplifiant comme on le fait presque toujours quand on raconte, la conduite irrévérente d'un peuple entaché d'idées libérales, d'un peuple qui ne voulait absolument pas rétrograder.

La dame se récria, comme on le pense, sur ce qu'elle appelait une atrocité :

« Comment, mon cher abbé, ils
» ont osé vous traiter ainsi !... les mi-

» sérables! Un aussi digne ministre
» de l'Évangile! un homme si dévoué
» à la bonne cause!...

» — Et vous pouvez ajouter, ma-
» dame la comtesse : qui a tant aidé
» à assurer son triomphe; car, Dieu
» merci, je suis pour plus que vous
» ne pensez dans les mesures vi-
» goureuses que l'on a prises aujour-
» d'hui.

» — J'avoue que je redoutais la
» bonté excessive du roi; qu'elle ne
» le fît balancer....

» — Non; c'était bien son avis;
» mais il craignait la Dauphine à la-
» quelle on avait promis de ne ris-
» quer aucun coup d'état avant son

» retour.... Enfin, l'affaire est faite;
» le plus heureux succès couronne
» nos efforts... La religion, depuis si
» long-temps opprimée, va triom-
» pher.

» — Et ses ministres seront ré-
» compensés de leurs pénibles tra-
» vaux.

» — Par combien d'années d'é-
» preuves cruelles il nous a fallu
» passer !

» — Vous en serez dédommagé,
» cher abbé; le roi et nous tous, sa-
» vons ce qui vous est dû. »

L'abbé s'inclina avec un air de su-
périorité.

En ce moment, un troisième interlocuteur survint ; c'était un vieux baron chargé d'années et de décorations ; il essayait de prendre un air belliqueux ; il parlait d'un ton élevé et se pavanait en marchant ; en un mot, le baron était une image vivante des ridicules marquis si burlesquement dépeints par le père du Tartufe.

Après avoir salué l'abbé, comme ces messieurs saluaient *avantla ré-volution* le confesseur d'une excellence en crédit, il dit en s'adressant à la comtesse :

« Je ne doute pas que madame » soit informée de l'heureuse nou-» velle.

» A peine les ordonnances étaient-

» elles signées que le prince a eu l'ex-
» trême obligeance de m'en faire pré-
» venir, et ce cher abbé venait me
» donner des détails.

» — C'est on ne peut mieux.....
» mais savez-vous aussi que l'on a
» quelques craintes à concevoir?

» — Comment cela?

» — Oui, la populace parait vou-
» loir se mutiner.

» — Bah! laissez-la faire, dit le
» confesseur, on l'a déjà réduite, on
la réduira bien encore.

» — Ah! ah! monsieur l'abbé,
» peut-être pas aussi facilement que
» l'on pense.... Vous n'avez pas vu la
» révolution, vous....

» — Ni vous non plus, monsieur
» le baron.

» — Comment, ni moi?

» — C'est tout naturel ; vous aviez
» émigré dès le commencement.

» — J'en conviens avec vous ; mais
» les amis que nous avions laissés à
» Paris nous informaient fidèlement
» de tout ce qui s'y passait.

» — En ce cas, j'en sais autant
» que vous là-dessus, je l'ai appris
» aussi par ouï-dire ; mais le peuple
» d'aujourd'hui est aussi las de ré-
» volutions que celui de 89 en était
» engoué, et, Dieu aidant, les ordon-
» nances sages de notre gracieux sou-
» verain seront exécutées comme

» tant d'autres, contre lesquelles'on
» a d'abord autant crié.

» — Je ne m'y fierais pas, monsieur
» l'abbé.

» — Eh bien! désert.... ou plutôt
» émigrez encore, monsieur le ba-
» ron.

» — Ce serait le parti le plus pru-
» dent, peut-être.

» — Si ce n'était le plus loua-
» ble.

» — L'honneur exige, dit la com-
» tesse, si le moment devenait cri-
» tique, que la noblesse....

» — Eh! madame, interrompit le
» baron, où trouvez-vous de l'honneur

» à se faire massacrer par une vile
» canaille?

» — Je vous répète, baron, que
» la canaille se laissera museler et
» ne massacrera personne, M. de
» Polignac me l'a assuré.... dans tous
» les cas, on lui résiste.

» — Monsieur l'abbé, reprit la
» comtesse, qui commençait à s'ef-
» frayer, il ne faut pas se le dissi-
» muler, le peuple ne nous aime
» guère.

» — Et nous le lui rendons bien.

» — Il y en a encore qui nous sont
» dévoués dans la bourgeoisie.

» — Oui, il faut les voir en ce
» moment vos bourgeois...... Il faut

» convenir que cette ordonnance doit
» les blesser.

» — Il est cruel de penser que
» ces gens-là nous ont nargués pen-
» dant vingt ans, et *il faudrait être*
» *plus que des anges pour ne pas se*
» *venger quand on en trouve l'occa-*
» *sion.*

» — Madame la comtesse, ces sen-
» timens-là ne sont pas trop confor-
» mes à ce que nous prescrit la cha-
» rité ; mais ce qui les excite les
» rend excusables. Si les ennemis de
» l'église et de la légitimité nous ont
» nargués pendant vingt ans , nous
» usons de représailles depuis quinze,
» et si Dieu nous est en aide , comme
» il y a tout lieu de le croire, nous
» en userons bien mieux encore.

» — Ainsi soit-il, s'écria la com-
» tesse.

» — Ainsi sera, répliqua l'abbé,
» d'un ton positif.

» — Je le désire comme vous; mais
» à vous parler franchement, je ne
» crois pas que ce soit aussi facile
» que vous le pensez.

» — Vos terreurs sont paniques.

» — Je vous passe, monsieur l'abbé,
» de savoir tout aussi bien que moi
» tout ce qui s'est passé durant la
» révolution; mais vous ne préten-
» dez pas, je pense, connaître le roi
» comme je le connais moi-même.
» Charles X et moi nous sommes à
» peu près du même âge, et je l'ai

» peu quitté...... je dois donc vous
» avouer, consciencieusement par-
» lant, que je ne l'ai jamais jugé très-
» capable.

» — Où voulez-vous en venir?.. en
» vérité, monsieur le baron, un li-
» béral ne s'exprimerait pas autre-
» ment.

» — Eh! eh! ces gens-là s'expri-
» ment parfois assez bien... pour en
» revenir à Charles, la meilleure
» preuve qu'il n'a pas fait dans toute
» sa vie une seule action qui puisse
» être citée, c'est que malgré toutes
» leurs recherches, ses flatteurs n'ont
» pu rien découvrir de semblable.
» Je me souviens fort bien que dans
» le temps de l'émigration, il refusa
» plusieurs fois d'aller se mettre à

» la tête des troupes qui combattaient
» pour sa cause.

» Vaincu enfin par les vives ins-
» tances de Louis XVIII son frère,
» il partit, et vous savez vous-même
» comme moi quelle conduite il tint.
» Charette, qu'on ne pouvait guère
» soupçonner de patriotisme, l'accusa
» d'avoir perdu l'armée royaliste *par
» sa faute*, et si je m'en souviens
» bien, il se servit même d'une au-
» tre expression. Qu'attendre d'un
» tel homme si les Français se met-
» tent dans la tête de lui résister ?

» — Je vous l'ai dit, M. le prince
» répond de Paris.

» — Et moi je ne voudrais pas

» que ma tête répondît de celle de
» M. de Polignac.

» — Mais, en vérité, baron, je ne
» conçois pas que vous teniez de
» semblables propos. Depuis quand
» donc jugez-vous si sévèrement le
» roi et n'avez-vous plus de confiance
» en ses promesses ?

» — Depuis que j'ai vu la fermen-
» tation... elle est inquiétante... elle
» m'effraye... Oh! je vous l'avoue....
» écoutez donc... je me souviens de
» la terreur.

» — Par ouï-dire.

» — Toujours, toujours piquant,
» monsieur l'abbé.

» — Toujours peureux, monsieur
» le baron.

» — Mon Dieu! nous verrons, s'il
» en est besoin, lequel de nous deux
» prendra le plus de part à l'action.

» — Si mon état ne me défendait
» pas de verser le sang...

» — Si mon rang ne me défendait
» pas de me battre avec de la ca-
» naille.

» — Eh! mon Dieu! messieurs, en
» serions-nous donc-là? et faut-il
» qu'un vain effroi vienne jeter la
» division entre deux vrais amis de
» la légitimité?

» —Messieurs du clergé nous ver-
» raient hachés qu'ils ne se croi-

» raient pas obligés de nous secou-
» rir.

» — Messieurs de la noblesse ne
» s'exposent guère à se faire hacher,
» et surtout monsieur le baron.

» — L'abbé, j'ai fait mes preuves.

» — Baron, j'aime mieux le croire
» que de...

» — De grâce, messieurs, termi-
» nez cette discussion, » dit en mi-
naudant la comtesse et en allant de
l'un à l'autre adversaire.

Le baron caressait la poignée
de son innocente flamberge, et
l'abbé chiffonnait son rabat.

Il quitta la partie avec l'air d'un

homme qui l'a gagnée. Le baron, aussitôt qu'il fut dehors; ne manqua pas de s'emporter contre lui et de feindre un courroux qui ne l'empêcha pas de tressaillir lorsqu'un grand jeune homme musqué vint annoncer que le *tiers-état* se portait en foule au Palais-Royal; que les gendarmes cherchaient en vain à dissiper les rassèmblemens qui se formaient partout; que les menaces étaient inutiles pour empêcher les vociférations des forcenés; que l'alarme était répandue parmi les amis du bon ordre et les fidèles sujets de Charles le-Bien-Aimé et si digne de l'être ; que les troupes étaient sommées de se tenir prêtes à marcher contre les révolutionnaires; que le gouverneur de Paris, le bon duc de Raguse, était chargé de traiter sévèrement les factieux; que le doux prince de Polignac l'excitait à outrepasser même les ordres qui lui étaient donnés s'il le jugeait convenable, et prenait sur lui tout ce qui pourrait en advenir.

Bien entendu qu'il ne prévoyait pas ce qu'il en adviendrait.

A cette désastreuse nouvelle qui faisait subitement passer les auditeurs, de la joie la plus vive à la plus vive terreur, la comtesse se jeta sur le vieux baron et le pressant presque tendrement dans ses bras : —

« Nous sommes tous perdus, s'é-
» cria-t-elle, les monstres vont nous
» égorger et piller nos hôtels.

» — Peut-on encore sortir de Paris? » demanda, en tremblant, le vieil ami de la féodalité et cherchant à se dégager des étreintes de la dame.

— « Je le pense! » répondit le jeune homme, en essuyant la sueur de son front; car il avait marché vite et mis de l'ardeur dans son récit.

A peine le baron eut-il entendu ces consolantes paroles, que sans prendre congé, il s'esquiva promptement.

Un tête-à-tête avec une comtesse sexagénaire et une comtesse effrayée, qu'il ne serait peut-être pas facile de rassurer, n'avait rien de bien attrayant pour le freluquet. Il prétexta que son devoir l'appelait à un poste dangereux, et laissa la dame en proie aux terreurs qu'il avait excitées, allant dans d'autres salons semer l'effrayante nouvelle, qu'on eût pu le croire chargé de propager.

CHAPITRE VII.

Le Serment.

Le récit du jeune homme musqué était véridique. On était alors au 26 juillet; les magiques événemens qui devaient avoir lieu le lendemain et le surlendemain se préparaient déjà.

La stupéfaction d'abord, le découragement ensuite, tels furent les premiers sentimens que fit naître

la publication des fatales ordou-
nances. Les citoyens ne se doutaient
pas de la parité d'opinion qui existait entr'eux.

Bientôt, cependant, chaque Français trouva dans son propre courage
un espoir de salut : l'insulte qu'on
leur faisait était trop grave pour qu'ils
la pussent supporter en silence. Il
ne suffisait plus de se plaindre : l'honneur national était attaqué, il fallait,
on devait le défendre.

Quoi ! on rejetait, on chassait avec
dédain l'élite de nos concitoyens, et
pour nous braver plus authentique-
ment, on comblait de faveur des De-
lavau, des Franchet, hommes vendus
au pouvoir, ennemis du peuple qu'ils
avaient fatigué de leurs exactions.

Ils se sont étrangement mépris,
ceux qui croyaient pouvoir aussi im-
punément insulter le premier peuple
de l'univers.

La saisie de l'*Indicateur universel*
avait attiré beaucoup de monde au
Palais-Royal. Ce nouvel excès de
l'arbitraire Mangin excitait des murmures que ses fidèles et dignes agens
voulaient en vain étouffer. Dans toutes les galeries, la rue Saint-Honoré
et le voisinage, les magasins étaient
fermés. Les postes étaient doublés,
triplés, et de nombreuses patrouilles
de gendarmes circulaient dans les
rues, semblant menacer les Parisiens
de renouveler les scènes de l'année
de grâce 1572, et de la rue Saint-
Denis.

Ils tenaient leurs instructions du digne subalterne du plus odieux, ministre, et la mort planait sur la tête de chacun de nous.

Ces excès, au lieu de ralentir le noble zèle qui nous anima, l'excitèrent. Tout Français rougit d'avoir porté si long-temps les fers du despotisme: le cri « A bas les tyrans! » était dans tous les cœurs et il sortit bientôt de toutes les bouches.

Ce ne fut point une vaine clameur. Nos coups furent aussi sûrs et aussi précipités que ceux de la foudre.

« Que penses-tu de tout ce mou- » vement? » demanda Jules à Ernest. « Serions-nous assez malheureux pour

»qu'une si belle cause restât sans ef-
»fet?

— » Non, non, s'écria Villecourt,
»sois tranquille, elle en produira qui
»seront dignes d'elle. La France au-
»trefois se trouvait divisée entre plu-
»sieurs partis : on flattait une partie
»de la nation pour écraser l'autre
»plus facilement; mais aujourd'hui,
»c'est la masse du peuple que l'on of-
»fense, et si elle est bien dirigée,
»elle triomphera. »

Octave, qui les avait un instant
quittés, revint exaspéré. Un de ces
misérables, mercenaires agens du
despotisme, un de ces mensongers
révélateurs de complots, un de ces
êtres dégradés qui trafiquent hon-

teusement du sang et de l'honneur de leurs concitoyens, avait osé porter ses mains serviles sur un Français, ennemi des ennemis de son pays, et qui parcourait paisiblement un de ces journaux dont les feuilles libérales opposaient une vigoureuse et constante résistance aux iniques menées de la tyrannie.

Justice avait été faite du coupable : terrassé sur-le-champ, il avait payé de sa vie son zèle intempestif.

La punition avait été aussi prompte que l'injure. Point de contestation, point de menace : la cause et l'effet.

« Voilà, concluait Octave, qui ve-
» nait de raconter ce trait à ses amis,
» voilà qui me fait bien augurer de

» la conduite que nous tiendrons tous
» dans la crise qui doit incessamment
» avoir lieu. Agir est ce que nous de-
» vons faire en ce moment. Après
» avoir bien discuté, on en vient sou-
» vent à des concessions, et c'est ce
» qu'il faut éviter ici. Transiger avec
» des traîtres est une imprudence dont
» on a presque toujours lieu de se re-
» pentir : il faut que nous perdions la
» patrie sans rappel ou que nos ad-
» versaires soient anéantis.

— » Mes amis, cet avis est le mien,
» répondit Ernest, et le feu de l'indi-
» gnation s'échappait de ses yeux. La
» conduite que nos frères tinrent en
» 1814 doit nous servir de guide; prou-
» vons que les mêmes sentimens nous
» animent. Tenons-nous prêts à ré-

» pondre au premier appel que nous
» fera la patrie. Versons, s'il le faut,
» tout notre sang pour sa défense ;
» mourir pour sauver son pays est
» un destin que tout Français doit
» envier.

— » J'admire ce noble élan, mon
» cher Ernest, et je n'attendais pas
» moins de toi. Modère jusqu'à de-
» main ta patriotique ardeur. L'heure
» s'avance : Jules et moi nous devons
» rentrer à l'École; la course est lon-
» gue : nous te quittons. Reste ici,
» examine soigneusement tout ce qui
» va se passer : rien n'est indifférent
» dans un moment tel que celui où
» nous nous trouvons: tâche d'inspirer
» à ceux de nos concitoyens qui pour-
» raient rester froids quelque chose

» du noble feu qui t'anime. Ne man-
» que pas de venir demain nous faire
» part de ce que tu auras vu et en-
» tendu.

» De notre côté, nous ne resterons
» pas inactifs. Nos camarades, nos
» frères n'ont pas besoin d'être exci-
» tés pour travailler au succès d'une
» cause aussi belle, tu sais quels sont
» à cet égard leurs sentimens. Comme
» nous, ils seront prêts à affronter
» tous les dangers. Je réponds d'eux
» comme de moi-même. »

Jules, Ernest et Octave se serrè-
rent réciproquement la main. Tous
trois étaient attendris. Leurs cœurs
étaient serrés et des larmes roulaient
dans leurs yeux. Il y avait dans leur

action, toute ordinaire par elle-même, quelque chose de solennel.

Le serment des Horaces ne fut pas plus fidèlement observé, que ne devait l'être celui qu'ils venaient de prononcer.

Comment n'ont-ils pas expiré sous le poids de leur honte, ceux qui ont pu forcer à les punir des cœurs aussi généreux ? Ils n'ont pas même su se conduire de manière à inspirer l'intérêt que mérite une grande infortune, et leur lâcheté nous les a fait regarder comme des ennemis indignes même de nos coups.

CHAPITRE VIII.

Le vieux Soldat.

—

ERNEST suivit des yeux ses amis jusqu'à ce qu'il les eût vus disparaître sous les voûtes de la nouvelle galerie, toujours encombrée d'une foule inquiète : il se retourna alors, et se trouva en face d'un vieillard qui observait, sans qu'ils s'en doutassent, nos trois intéressans élèves, et avait entendu tout ce qu'ils avaient dit.

« Braves jeunes gens, dit-il, en
» présentant sa main à Ernest, pour-
» quoi vos sentimens patriotiques
» ne se retrouvent-ils pas dans tous
» les cœurs? Je n'aurais pas , au
» moment de terminer ma carrière,
» la douleur de voir ma patrie ex-
» posée de nouveau aux malheurs
» de l'anarchie et de la guerre ci-
» vile.»

Un ton de vérité régnait dans ce discours. L'air respectable du vieillard, le signe de l'honneur qui brillait à sa boutonnière, ne permettaient pas de soupçonner en lui un de ces agens provocateurs si répan-

dus sous un gouvernement despotique et qui paraissait vouloir trouver un coupable dans chaque Français.

Ernest répondit donc à ses avances.

« Mon fils, continua ce dernier,
» j'ai traversé l'époque dangereuse
» de la première révolution. Déjà
» j'ai vu les Français s'affranchir
» d'un joug tyrannique, et j'ose le
» dire, j'ai aidé à leur triomphe. Le
» peuple avait reconquis ses droits :
» il était dans l'ivresse, et lui-même,
» cependant, forgea les chaînes dont
» il fut bientôt accablé. ; la gloire
» dont un héros les couvrit, les ren-
» dit moins pesantes ; mais aujour-
» d'hui, qu'on lui laisse voir l'es-

» clavage dans toute son affreuse nu-
» dité, on dessille les yeux et on as-
» sure son triomphe ou sa perte ;
» car, ne vous y méprenez pas, mon
» fils, c'est une guerre d'extermina-
» tion qui va commencer : le peuple
» français succombera ou ses tyrans
» seront anéantis.

—» Mon père, la victoire sera
» pour nous.

—» Je l'espère, mon fils, et même
» je le crois, parce que les Français
» unis sont invincibles, et que l'u-
» nion existe maintenant. Il fallait
» qu'ils comblassent la mesure ,
» comme ils viennent de le faire,
» pour nous rallier tous, pour qu'il
» n'existât plus qu'une même opi-

» nion, un même parti, et c'est au
» moins une obligation que nous
» leur aurons. D'un malheur exces-
» sif, il résulte quelquefois un grand
» bien. Ils ne savent donc pas que
» rien ne résiste à la force et au
» courage qui naissent du déses-
» poir? »

A peine le vieillard avait-il fini
ces mots, que l'on ordonna brutalement aux promeneurs d'évacuer
le jardin, et la foule eut bientôt sé-
paré Ernest de sa nouvelle et véné-
rable connaissance.

Par un hasard assez singulier, il
rencontra sur les degrés du perron
ces mêmes ouvriers avec lesquels
ses camarades et lui avaient échangé

quelques phrases peu d'heures auparavant.

« Eh bien, monsieur, lui dit l'un
» d'eux d'un air satisfait, ça va bien;
» ce n'est rien, ce soir, mais demain
» la bombe éclatera; qu'en pensez-
» vous?

— » Je pense que les ennemis de
» nos libertés doivent trembler en
» ce moment.

— » Ah! je vous en réponds.....
» Mais ce n'est pas le tout de les faire
» trembler, il faut les mettre hors
» d'état de nous nuire plus long-
» temps, et pour cela il faut en pur-
» ger la terre. Il faut aussi que tous
» les bons Français se rallient.

— » Ils sont prêts au combat.

— » Bravo, monsieur l'élève ; on
» vous aime, vous autres : vous de-
» vriez vous mettre à notre tête,
» vous verriez comme on vous sui-
» vrait.

— » Nous combattrons ensemble.

— » C'est notre désir; et tout nous
» fait présumer que nous ne tarde-
» rons pas à être satisfaits: nous avons
» vu des confrères aujourd'hui , ça
» marche admirablement bien; vous
» verrez demain si je vous ai trompé.

— » Je vous crois; ainsi donc, à
» demain.

— » A demain. Où vous retrouve-
» rons-nous ?

—» Partout où il y aura de la
» gloire à acquérir et des dangers à
» braver.

— » C'est bien ! nous y serons.»

Monarque aveugle ! ils auraient
aussi vaillamment combattu pour ta
cause, si tu ne l'eusses séparée de
celle de leur patrie, ces jeunes héros que tes ministres abreuvaient de
dégoûts, ce peuple que tes sots dédains avaient irrité, et que ta tyrannie avait enfin décidé à secouer
les lourdes chaînes que depuis bien
long-temps il avait bien voulu se
soumettre à porter.

CHAPITRE IX.

Un Roi et son Ministre.

———

Pendant que Paris s'apprêtait à résister à nos oppresseurs, et à donner aux provinces ce signal auquel elles ont si bien répondu, Charles X, loin de se douter que la couronne lui échappait, se livrait avec son fils à son plaisir habituel, le seul auquel était encore sensible son âme inepte et blasée.

Il s'entretenait avec l'insignifiant pacificateur des Espagnes, le valeureux héros du Trocadéro. Ils énuméraient le nombre de pièces dé gibier qu'ils avaient couchées parterre, et s'adressaient sur leur adresse de mutuelles félicitations, lorsque le ministre par excellence fit demander à être introduit.

« Qu'il vienne, dit le roi ; mais
» que signifie cette tardive visite ?
» L'heure du travail est passée, et
» notre majesté est harassée de fati-
» gue. Quel pesant fardeau qu'une
» couronne ! »

Le dauphin fit un geste convulsif

en signe d'assentiment. Nous savons tous que la nature, qui s'était montrée fort peu prodigue de ses dons envers lui, lui avait, entre autres, refusé celui de la parole.

Polignac, ce vil esclave, jadis revêtu du titre d'*excellence*, se présenta.

Malgré sa jésuitique hypocrisie, quelque altération se lisait sur ses traits.

Malgré son imbécille confiance, Charles X en demeura frappé.

Malgré son apathique insouciance, l'époux de la fille des rois le remarqua.

D'un ton inquiet, le roi lui dit :

« La dauphine serait-elle de re-
» tour?...

— » De retour!... » répéta le fils
en s'agitant sur son siége à la façon
des possédés ; puis jetant sa tête sur
chaque épaule, il la ramenait sur sa
poitrine, frappant en même temps
des pieds sur le tapis et des mains
sur les bras de son fauteuil. Tous les
membres de cette singulière machi-
ne s'agitaient en même temps, ou
elle se tenait immobile comme un
automate.

« Non, non, dit le ministre ; que
» votre majesté et M. le dauphin ne
» s'alarment pas : il ne s'agit que
» d'un ordre que je viens demander

» au souverain arbitre des destins
» de la France.

— » De quoi s'agit-il?

— » Qu'est-ce? » demanda le prince aux convulsions.

— » Quel effet ont produit nos or-
» donnances? reprit le monarque;
» car emporté aujourd'hui par la
» chasse, nous n'avons pas eu le loi-
» sir de nous en occuper. C'était
» bien un cerf dix cors : n'est-ce
» pas, dauphin?

— » Dix cors, sire.

— » Eh bien! prince, et nos or-
» donnances?

— » Seront observées.

— » Tout est donc calme ?

— » A peu de chose près.

— » A peu de chose près..., répéta
» Charles ; mais n'avons-nous rien à
» craindre ?

— » A craindre ! » dit le dauphin
et le défenseur de l'Espagne, déjà
debout, semblait se disposer à
prendre la fuite.

— » Rien, absolument rien... quel-
» ques têtes chaudes, mais dont nous
» sommes déjà maîtres... Tout est
» tranquille, et votre majesté recueil-
» lera bientôt le prix de la fermeté
» qu'elle a déployée dans une cir-
» constance si difficile.

— » Il fallait cela, ou autrement

» les coquins m'auraient détrôné :
» cependant, prince, j'avoue que
» sans vos sages conseils, je n'aurais
» été aussi expéditif. Vous savez
» quelles instructions nous avait lais-
» sées la dauphine au moment de son
» départ, et elle n'aime pas que l'on
» aille au-delà de ce qu'elle prescrit.
» Je ne suis pas fâché de lui prouver
» que dans le besoin, je puis ne
» prendre avis que de vous et de
» moi, mon cher ministre.

— » Si votre majesté eût toujours
» daigné s'en rapporter à mon zèle,
» il y a long-temps que la lutte que
» nous avions à soutenir contre ces
» factieux serait terminée. Je vous
» aurais épargné l'outrage dont ils se

» sont rendus coupables envers le
» plus juste des souverains.

— » C'en était un outrage, n'est-
» ce pas ?

— » Oui, sire, mais ils n'oseront
» plus s'y fier désormais.

— » Tant mieux ; car enfin ce n'est
» pas amusant... Dauphin, vous aviez
» le coup-d'œil admirablement juste
» aujourd'hui. Je crois, cher minis-
» tre, que j'ai pour mon compte
» abattu plus de cent pièces de gi-
» bier.... Ah! messieurs les libéraux,
» vous osez porter atteinte à ma di-
» gnité; vous osez me donner des
» avis, me prescrire la conduite que
» je dois.... Ah! ah! je vous tiens

» maintenant...; car je pense, cher
» prince, que s'ils laissent passer
» cette loi, ils en laisseront passer
» bien d'autres.

— » Sire, tel est mon avis. Je veux
» avant peu faire disparaître le Code
» de l'usurpateur, et remettre en vi-
» gueur, avec l'agrément de votre
» majesté, les ordonnances de saint
» Louis, son illustre aïeul.

— » Bien vu, prince, très-bien
» vu; il y en a d'admirables pour la
» chasse. Cher prince, vous êtes un
» homme précieux; je suis sûr que
» le grand-veneur sera enchanté de
» cette idée : elle est véritablement
» merveilleuse....

— » Je veux rétablir le vasselage,

» forcer les serfs à la soumission en-
» vers leurs seigneurs et maîtres,
» dont ils se sont affranchis.

— » Voilà qui me semble de toute
» justice ; c'est on ne peut mieux,
» cher prince, on ne peut mieux.
» Quel dommage que vous ne soyez
» pas aussi bon chasseur qu'habile
» diplomate !.... Il est vrai qu'alors
» vous dépeupleriez nos forêts. »

Le ministre s'inclina d'un air res-
pectueusement orgueilleux.

— « Mais je crois que M. le dau-
» phin n'est pas de notre avis.

— » Vous vous trompez, prince ;
» le pauvre garçon est exténué ; nous
» avons chassé au courre toute la

» sainte journée, et il dort.... Vous
» savez, d'ailleurs, qu'il ne se mêle
» guère des affaires de l'Etat, dont il
» nous laisse tout le poids. Mais il
» faut lui rendre cette justice, il ne
» contrarie jamais nos royales vo-
» lontés.

—» J'ai eu l'honneur de prévenir
» sa majesté que je venais prendre
» ses ordres.

— » Relativement à quoi, cher
» prince? dépêchez, je vous prie,
» car le sommeil m'emporte. Est-ce à
» onze heures que l'on doit venir
» parler d'affaires d'Etat?

—» Je ne me pardonnerais pas
» de troubler un si auguste repos
» s'il n'y avait urgence.

— » Parlez.

— » Dans le cas où il surviendrait » quelques troubles ?

— » Apaisez-les comme vous l'en- » tendrez.

— » Votre majesté m'autorise donc » à prendre les mesures que je ju- » gerai convenables pour réduire les » rebelles ?

— » Absolument.

— » A requérir en cas de besoin la » force armée ?...

— » Oui, prince.

— » A faire charger le peuple que » l'on a tant de peine à faire rentrer » dans le devoir ?

— » Oui, prince.

— » A faire avancer l'artillerie?

— » Oui, prince.

— » A faire tirer sur les factieux?

— » Prince, faites tout ce que vous
» voudrez; mais, de grâce, laissez-moi
» dormir, et une autre fois prenez
» mieux votre temps pour nous de-
» mander une audience. »

Ce fut ainsi que le bénin monarque congédia le digne ministre de ses
paternelles volontés.

CHAPITRE X.

Transes.

Polignac était enchanté du succès de son voyage à St.-Cloud.

Il avait carte blanche, ainsi que lui-même le répéta plusieurs fois à ceux qui voulurent essayer quelques représentations sur ce qu'il exigeait d'eux. Il avait droit de vie et de mort sur tous les Français, et certes, son intention était formelle, il voulait user des droits qu'il avait usurpés.

Roulant dans sa tête tous les noirs projets que son génie infernal lui suggérait, Polignac marchait en toute hâte sur Paris. A son grand étonnement et presque avec chagrin, il le trouva dans le calme le plus profond.

Parmi tous les phénomènes qu'a présentés l'étonnante révolution qui se préparait, le calme des nuits n'est pas le moins extraordinaire.

La tranquillité de la ville n'a pas été un instant troublée pendant les heures destinées au repos. Chaque citoyen, certain que la plus parfaite union régnait entre tous, dormait avec sécurité! Oubliant dans le sommeil les dangers de la veille, il recouvrait des forces pour affronter ceux du lendemain.

« Se soumettraient-ils sans me four-
» nir l'occasion de déployer ma puis-
» sance et d'assouvir ma haine ? pen-
» sait l'odieux ministre. Ou plutôt ne
» méditent-ils pas dans l'ombre les
» moyens de se soustraire aux coups
» que je veux leur porter? N'importe,
» ma vengeance est assurée; leur perte
» seule peut la satisfaire. S'ils vou-
» laient la paix, je saurai bien les for-
» cer à des combats d'où je suis as-
» suré de sortir victorieux. »

Cependant, le sommeil était loin

de la paupière du plus acharné de nos tyrans. Les scènes de sang et de carnage qu'il méditait se présentaient malgré lui à son imagination. Des songes effrayans le poursuivaient. Il se leva moins confiant dans ses projets et commença à douter que leur réussite fût aussi complète qu'il se l'était d'abord imaginé.

Il devait ou succomber ou vaincre. Dans la position où le roi et le peuple s'étaient placés, il n'y avait plus de pas rétroactif à espérer. L'abîme était ouvert : il fallait l'éviter ou y être englouti.

Polignac le sentait et il tenait autant à ses dignités et à la vie que nous tenons à nos libertés. Il en était de même de ses collègues; tous pour retenir le pouvoir qui leur échappait avaient sacrifié leur pays à leur insatiable ambition. Pas un n'éleva la voix contre un acte aussi odieux, aussi arbitraire : leur crime est le même, leur châtiment doit l'être. Tous méritent celui que les lois réservent à l'infâme qui trahit son pays.

Eux seuls doivent être responsables du sang de nos frères. En vain ils en appelleraient à notre clémence, en vain ils imploreraient notre pitié : n'ont-ils pas fermé l'oreille à nos instantes prières lorsque nous nous abaissions jusqu'à leur en adresser ? ils bravaient nos menaces

lorsque les excès qu'ils commet-
taient journellement nous portèrent
à leur en adresser. Aujourd'hui qu'ils
ont senti le poids de notre colère, que
nous avons détruit leurs complots et
renversé leur odieux pouvoir, écra-
sons-les comme de dangereux rep-
tiles.

La générosité est un sentiment
commun à tous les Français et il leur
répugne de frapper un ennemi vaincu; mais la prudence nous commande
de fermer nos cœurs à une commi-
sération que ne mérite d'ailleurs aucun de ceux qui pourraient l'exciter.
Ayons toujours devant les yeux les
nombreuses victimes des 28 et 29
juillet. Que justice soit faite de leurs

bourreaux et que la France régénérée ne retrouve plus sur son sol aucuns de ses anciens ennemis.

CHAPITRE XI.

Une bonne Mère.

Du Palais-Royal à la montagne Sainte-Geneviève, la course est assez longue. Jules et Octave examinaient soigneusement toutes les physionomies, écoutaient attentivement tout ce qui se disait. Ils reconnurent que le même esprit régnait par toute la capitale. Ils rencontrèrent plusieurs de leurs camarades, qui tous arrivant de divers quartiers leur certifiaient que les dispositions qui les avaient frappés étaient unanimes.

La joie dilatait le cœur depuis si long-temps oppressé de ces jeunes et braves citoyens.

Cette jeunesse du dix-neuvième siècle, sur laquelle on s'efforçait de déverser le blâme, que l'on avait tant de fois opprimée, dont on voulait étouffer les sentimens libéraux, allait enfin se montrer telle qu'elle était, c'est-à-dire, généreuse, remplie d'un dévouement sans bornes aux intérêts de la patrie.

Ce n'était pas que dans le cœur de

nos braves élèves que fermentait cet ardent besoin de la gloire et de la liberté que chacun de nous a satisfait.

Dans les faubourgs, dans la Cité, dans les quartiers habités par l'opulence comme dans ceux où l'honnête artisan se choisit ordinairement un gîte, partout enfin se réveillait cet amour sacré de la patrie inné chez tous les Français, cette horreur de l'esclavage, cette haine du despotisme et ce besoin de venger la France des déprédations de ses tyrans.

Un premier cri n'avait qu'à s'élever et des milliers de voix allaient y répondre.

Préparé à agir, on n'en attendait plus que le moment.

La longue absence de son fils inquiétait madame Villecourt. Elle connaissait l'impétuosité de son caractère et craignait qu'il ne se fût témérairement exposé; car le bruit de ce qui se passait au Palais-Royal s'était promptement répandu dans Paris et était parvenu jusqu'à elle.

Les heures de la nuit se succédaient et son Ernest n'arrivait pas.

« Oh! mon Dieu! s'écriait cette
» tendre mère, tu viens de m'enle-
» ver mon époux, voudrais-tu donc
» encore me priver de mon fils? »

Ernest rentrait en ce moment. Il

avait entendu la voix suppliante de sa mère et il se reprochait vivement d'avoir excité son inquiétude et ajouté à ses chagrins; il se jeta dans ses bras et la pressant avec tous les transports de l'amour filial :

« Non, mère chérie, s'écriait-il, » ton fils ne te sera point ravi; mais » laisse-moi marcher sur les traces » de celui qui m'a donné la vie; laisse- » moi me rendre digne de porter le » nom illustré qu'il m'a transmis. La » patrie est menacée, je dois et je » veux la défendre. Aide-nous de tes » prières et le ciel secondera nos » bras.

— »Oh! mon fils, nos ennemis » sont puissans !

— » C'est ce pouvoir dont ils abu-
» sent qu'il faut leur enlever.

— » Que de sang on va répandre
» encore !

— » Qu'il retombe sur les tyrans
» qui le font couler !

— » Mon fils, mon Ernest, si tu
» devais être victime de ton dévoue-
» ment !

— » Ma mère, j'en serais certain
» que je n'en marcherais pas moins
» contre les ennemis de la France.

— » Que deviendrais-je si un tel
» malheur m'était réservé?

— » Chasse d'aussi terribles idées,
» elles portent le trouble dans mon

» âme, sans cependant ébranler mon
» courage et ma ferme résolution.
» Je mourrais de honte si je restais
» immobile spectateur de la lutte qui
» va s'engager : toi-même tu me re-
» procherais ma lâche inertie. Nous
» sommes nés libres et on veut nous
» réduire à la triste condition d'es-
» claves!...non, non, il n'en sera pas
» ainsi.....le plus horrible supplice
» me paraîtrait préférable à une telle
» ignominie. »

La veuve du soldat regardait son
fils avec ivresse ; elle le pressa plus
tendrement contre son sein maternel, et quelques larmes se mêlèrent
à ses embrassemens. Elle pensait
comme Ernest, mais sa tendresse
était alarmée.

CHAPITRE XII.

Conspiration.

Tout Paris, ou du moins la plupart des habitans de cette immense capitale sont ensevelis dans le sommeil. Hélas! beaucoup d'entre eux goûtaient pour la dernière fois les douceurs du repos. Cette affligeante pensée vient troubler notre joie. Victimes infortunées de la plus affreuse tyrannie, c'est au prix de votre sang que nous avons recouvré nos droits qui nous avaient été disputés et ravis. Vous ne pourrez recueillir les fruits de la conquête que vous nous avez assurée; mais votre souvenir vivra éternellement dans le cœur des Français : vos orphelins deviendront les enfans de la patrie, et c'est en les comblant de ses faveurs qu'elle acquittera une partie de la dette qu'elle a contractée envers vous.

Charles qui venait d'arracher la couronne de sa tête, Charles qui venait de vouer à une mort certaine une partie de ses sujets, sommeillait doucement étant loin de se douter des événemens qui se préparaient :

il avait une confiance illimitée dans son perfide conseiller.

Monarque indigne du trône où les ennemis de la France avaient placé son frère, il devait le perdre comme il l'avait conquis, sans péril et sans gloire.

Ne pas fuir au moment du danger eût été déranger d'anciennes habitudes, et à son âge on en change difficilement.

Ce fut le ciel, sans doute, qui inspira à nos tyrans et à leurs suppôts, une quiétude qui leur fut si fatale.

Maître de nos destinées par l'inepte faiblesse du caduc monarque,

Polignac négligea de prendre les mesures que nécessitait le coup qu'il avait porté à ce qui nous restait de Charte et de liberté. Il est vrai qu'il en avait antérieurement pris assez pour effrayer ou séduire nos électeurs et qu'il confiait peut-être au hasard un succès que ses machinations et ses intrigues ne lui avaient pu assurer.

Dans tous les cas il fut, heureusement pour nous, trompé dans son attente.

En cette occurrence, on se contenta de persuader à la garde du roi, au *reitres* mercenaires, que leur devoir était d'égorger les Français, assez téméraires pour élever la voix contre les abus dont tous étaient victimes.

Comme l'or était l'unique dieu de ces âmes serviles, les chefs du parti prêtre et anti-national, crurent, en promettant de fortes récompenses aux soldats, les retenir dans leurs rangs. Rien ne coûtait en ce moment à Polignac, Peyronnet et consors. Les trésors de la France étaient versés à pleines mains pour armer contre elle ses propres enfans.

Nos têtes ainsi mises à prix, et nos bourreaux se flattant de les voir bientôt rouler dans la poussière, ils avisaient entre eux, dans leur homicide démence, aux moyens de consolider si bien leurs succès qu'il devint impossible de pouvoir jamais le leur contester.

Méconnaissaient-ils donc assez le peuple qu'ils outrageaient pour penser qu'il se laisserait ainsi asservir par des hommes pour lesquels il professait le mépris le plus absolu?

Ne fût-ce que pour nous venger d'une insulte aussi grave, ils méritaient de sentir le poids de notre juste colère, et si quelque chose doit aujourd'hui les étonner, c'est la clémence inouie avec laquelle nous en avons usé envers eux.

Certes, ils ne se fussent pas conduits avec la modération qui ajoute une palme à notre gloire, ceux qui ne craignaient pas de nous accuser de vouloir renouveler ces jours de deuil dont plus qu'eux nous redoutions le retour.

Nous avons appris par une triste expérience jusqu'à quel point on doit se fier aux paroles même des rois. Celui qui vient de se parjurer si indignement, ne fut-il pas le premier, lors de son avénemént au trône, à prendre le solennel engagement de garantir nos droits qu'il a envahis, de respecter la Charte qu'il a violée. Français! que cet exemple ne soit pas perdu pour vous : ne nous fions aujourd'hui qu'à nous-mêmes. Établissons le bonheur qui peut luire pour nous, sur des bases solides, et qu'il soit désormais impossible aux chefs que nous voudrons bien nous donner, de l'altérer un moment.

Conservons surtout cette précieuse liberté que nous avons si chèrement payée. Qu'elle soit inviolable, inaltérable comme notre patriotisme.

Qu'une nouvelle charte, dégagée de toutes ces clauses auxquelles on donne de si fausses interprétations, soit le garant de nos devoirs envers le chef de l'état et des siens envers nous.

C'est ainsi que nous pourrons recueillir les fruits de la glorieuse campagne qu'un même jour a presque vu s'ouvrir et se fermer.

CHAPITRE XIII.

Amour.

—

Il a lui enfin le premier de ces jours de gloire. Le soleil tout radieux se lève majestueusement pour éclairer les conquérans de la liberté, les invincibles ennemis de la tyrannie et du despotisme.

Ernest est debout dès les premiers

rayons de l'aurore : quand on entreprend une tâche aussi noble que celle qu'il veut remplir, tous les instans sont précieux. Il faut savoir saisir une occasion qui, perdue, ne se retrouve jamais. D'un moment a souvent dépendu le destin des empires.

Notre orphelin contemple avec plaisir la pureté des cieux : elle lui paraît d'un heureux augure.

« Souverain arbitre des humains, » s'écrie-t-il, jette un regard favora- » ble sur notre belle patrie, et aide- » nous à la défaire de ses tyrans. »

Il s'apprête à partir. Sa mère l'a entendu, elle voudrait, elle n'ose le retenir. L'amour maternel lui ordonne d'arrêter ses pas : l'amour de la patrie lui commande de le laisser partir, c'est à lui qu'elle obéit. ,

Mais elle veut au moins embrasser encore son fils et le bénir. Les chances de la guerre sont incertaines. Le plomb meurtrier pénètre aussi bien dans le cœur du zélé patriote que dans celui du parjure.

Ernest a prévenu la pensée de sa mère: il se rend auprès d'elle: « Adieu,
» lui dit-il, ô la plus respectée et la
» plus chérie des mères; j'ignore en-
» core ce que ma patrie et mes frères
» vont exiger de moi; mais je le sau-
» rai bientôt et rien ne me sera im-
» possible pour les servir. Bénis
» mes efforts et prie le génie pro-

» tecteur de la France de les se-
» conder. »

Sa voix était émue : en vain il voulait retenir ses larmes.

« Va, mon fils, lui dit la veuve d'un
» des vainqueurs d'Austerlitz, va,
» mes vœux te suivront : le ciel sou-
» tiendra ton courage, et donnera à
» ton bras la force de renverser nos
» oppresseurs. Songe à ta mère, à ta
» famille : ne t'expose pas téméraire-
» ment ; mais sois fidèle à l'étendard
» sous lequel tu vas combattre
» comme ton père le fut au sien. »

Villecourt embrassa sa mère et la
quitta.

Un feu extraordinaire embrasait

son sein : il se sentait supérieur à lui-même.

« Tels sont sans doute , pensait-il,
» les sentimens de mes frères, et s'il
» en est ainsi, je le sens, c'est la vic-
» toire ou la mort. »

Les rues étaient encore désertes, et cependant d'actives patrouilles de gendarmes les parcouraient dans tous les sens. Les troupes étaient déjà sur pied. On déployait un appareil menaçant, qui, au lieu d'effrayer les nôtres, devait encore exciter leur courage.

Ernest avait plus d'un motif pour sortir si matin de chez lui.

L'amour de la patrie n'était pas le

seul qui eût fait palpiter son cœur.

Une jeune fille, orpheline comme lui, payait du plus sincère retour la flamme la plus vive et la plus pure.

Madame Villecourt était loin de désapprouver la passion de son fils; connaissant celle qui l'avait fait naître, elle la jugeait digne de son Ernest. Mais la nature avait été aussi prodigue de ses dons envers ce couple charmant que la fortune l'avait traité avec rigueur.

Ernest pouvait encore espérer un assez considérable héritage, à moins que cette vieille parente ne le frustrât de ses droits; mais Amélie n'avait rien, et selon toute apparence ne devait jamais rien avoir. Sa mère, morte en lui donnant le jour, était d'une famille honnête et pauvre, et son père, sous-lieutenant dans le même régiment que M. Villecourt, qui lui avait fermé les yeux, n'était pas plus riche que sa femme.

Elevée par une artiste, amie de feu sa mère, Amélie était devenue assez bon peintre : elle adorait son Ernest qui le lui rendait bien ; mais ils gémissaient quelquefois sur leur pauvreté mutuelle.

L'amour d'Ernest était un secret qui n'était connu que de sa mère, de son Amélie et de lui. A peine si la vieille demoiselle Bernard s'en doutait. Villecourt n'avait choisi pour confident aucun de ses amis.

La visite qu'il allait faire au digne objet de son choix était un peu matinale ; mais depuis quelque temps mademoiselle Bernard était alitée. Pour subvenir aux frais du petit ménage et à ceux que nécessitait la maladie de sa seconde mère, il fallait qu'Amélie redoublât de zèle et d'activité.

Elle se levait avec l'aurore et travaillait jusqu'au soir.

Ernest en gémissait : mais de stériles vœux étaient tout ce qu'il lui pouvait offrir.

Et c'est un cruel supplice que de

voir souffrir celle qu'on aime sans pouvoir la secourir.

Bien qu'il fût très-matin, Villecourt était sûr de trouver son amie à l'ouvrage.

La jeune fille ignorait absolument tout ce qui s'était passé la veille. Étrangère à la politique, à peine connaissait-elle le nom de nos oppresseurs.

Mademoiselle Bernard, son Ernest et sa famille étaient le monde pour elle.

Elle fut étonnée à l'aspect de Villecourt. En l'examinant, elle crut voir de l'altération sur ses traits.

« Vous serait-il arrivé quelque

» malheur? » demanda-t-elle en se levant et allant à lui.

Ernest la rassura : mais il eut quelque peine à lui persuader que l'honneur exigeait qu'il prît une part active aux débats qui sans doute allaient avoir lieu.

Son amant lui peignit si vivement les malheurs auxquels la France était exposée, son éloquence devint si persuasive, que l'aimable enfant lui dit en l'embrassant :

« Eh bien! vas donc, puisqu'il le » faut absolument; mais surtout, » reviens.

— » Sans doute, je reviendrai! oh!

» la bien-aimée de mon âme, et les
» lauriers de la victoire deviendront
» ta couronne nuptiale.

— » Mon Ernest! si notre union
» devait être la récompense de ton
» courage. Ami, j'ai un pressentiment
» de bonheur.

— » Amélie, je cours le réaliser.»
Ernest se félicite d'avoir ranimé
le courage de sa jeune amie, et d'a-
voir fait naître l'espoir dans son âme;
il se trouve encore plus fort maintenant qu'il sait que tout ce qu'il aime
partage celui qui le soutient.

Il quitte sa bien-aimée; il est prêt
à voler aux combats et n'est plus oc-

cupé que du bonheur de son pays.
Tout autre sentiment le cède alors
à ce dernier.

CHAPITRE XIV.

Les Elèves de l'École polytechnique.

Sɪ les jeunes héros dont il m'est si doux de retracer les belles actions, ont fait éclater un aussi vif amour de la patrie, il ne faut pas croire qu'il ait été l'effet des principes qui leur étaient inculqués.

Au contraire, on cherchait depuis

long-temps à éteindre ce feu sacré.

Pour perpétuer parmi leurs contemporains le souvenir de la belle
conduite qu'ils avaient tenue en 1814,
la patrie reconnaissante avait décoré
les élèves de l'École polytechnique du
signe révéré qu'elle distribua si long-
temps à ses braves.

On les priva de ce noble prix de
leur courage. On traita presque de ré-
bellion leur héroïque dévouement.

Peu s'en fallut que l'on n'accusât
de trahison ceux qui s'étaient armés
contre les traîtres et avaient même
été leurs victimes. Cette injustice,
odieux prélude de tant d'autres, ne
leur inspira ni crainte ni ressenti-

ment. Pour des cœurs aussi nobles, la plus belle récompense était la certitude d'avoir rempli un devoir sacré.

Mais l'estime de leurs concitoyens sut les dédommager de l'ingratitude de ceux entre les mains desquels tombait le pouvoir.

Une sorte de vénération s'attacha à chacun d'eux. On les respecta comme ces vieux artisans de notre gloire; on les assimila aux vétérans de la victoire.

Seize ans se sont écoulés depuis cette désastreuse époque, où l'aigle victorieuse s'inclina devant la fleur-de-lys et lui céda sa place, où les cohortes étrangères nous ramenèrent la *légitimité*.

Une nouvelle ère, celle du fanatisme et de l'ignorance, de la tyrannie et de l'esclavage, s'ouvrit alors pour nous.

On voulut nous faire oublier jusqu'à nos souvenirs de gloire. Mais ils doivent être et seront éternels. C'est à eux que nous devons en partie notre régénération.

Le dévouement des jeunes héros de 1814 inquiétait nos tyrans. Ils craignaient qu'à la première occasion, ils ne donnassent encore un pareil exemple de patriotisme. Ce mot seul excitait en eux une terreur profonde : ils résolurent d'employer tous les moyens possibles pour éteindre ce sentiment, dont leurs cœurs n'avaient jamais été susceptibles. Les ressources du jésuitisme furent donc mises en usage pour parvenir à ce détestable but.

On abreuva de dégoûts cette intéressante jeunesse, espoir de la patrie. On l'astreignit à de puériles observances.

Etre le premier de sa classe, mériter le suffrage de ses chefs par la conduite la plus exemplaire, était compté pour rien, si les pratiques extérieures de la dévotion ne venaient encore appuyer ces précieuses recommandations. Un billet de confession était une garantie certaine d'avancement. On sent que c'était un moyen infaillible pour faire plus d'hypocrites que de dévots.

Loin de nous toute idée subversive du culte religieux. Les Français qui ont fait la réaction de 1830, n'ont jamais eu l'intention d'abolir le christianisme, quoi qu'en puissent dire certains amis des tyrans, qui, par leurs vaines clameurs, cherchent encore à égarer les crédules et les faibles.

C'est contre ces abus, dignes enfans du fanatisme, que nous élevons la voix. Ceux qui pouvaient résulter de l'éducation donnée aux enfans du siècle, étaient redoutables : il importait au bonheur de tous de les déraciner.

Il y a certainement de ces principes génériques qui conviennent à toutes les classes ; mais il en est aussi qui sont particuliers à chaque profession, aux diverses situations que l'on doit occuper dans le monde. Ce n'est pas en lisant Nonotte ou Patouillet, que l'élève en droit pourra devenir un habile jurisconsulte ; ce n'est point en portant une bannière, en chantant des cantiques, que le jeune homme qui se destine au métier des armes, apprendra à manier un sabre ou à devenir l'égal de Turenne, qui, par parenthèse, était protestant, et conséquemment damné, du moins au dire des jésuites et de leurs adhérens.

La plupart des hommes qui furent mis à la tête de l'instruction publique, étaient vendus au pouvoir et à la caste infâme, appui de Polignac et consors. Quelques - uns cependant, conservant encore la dignité de leur caractère, fermèrent l'oreille aux sophismes séducteurs des disciples de Loyola, et maintinrent parmi notre jeunesse les sentimens qu'elle vient de manifester si ouvertement.

Gémissant de ces abus, qui pesaient sur eux comme sur le reste de la France, les élèves de l'Ecole polytechnique attendaient avec impatience le moment propice pour secouer le joug sous lequel on les tenait asservis.

S'il se trouvait parmi eux quelques âmes tièdes, au moins on n'y rencontrait pas de faux frères, et ceux qui n'accompagnèrent pas les plus ardens, les suivirent.

Il y avait plus d'une difficulté à vaincre pour se réunir à ceux que la cause nationale appelait sous ses drapeaux.

Les chefs, aussi fervens, du moins en apparence, pour la cause du despotisme, que l'étaient nos jeunes gens pour celle de la liberté, devaient s'opposer à l'exécution du projet conçu par Jules et Octave. Leur âme ferme et élevée ne pouvant se plier aux momeries et aux actes de vénalité que l'on exigeait d'eux, ils étaient l'objet d'une surveillance spéciale, et ce qu'on pourrait appeler en disgrâce.

L'heure prescrite pour le retour était un peu outrepassée, lorsqu'ils parvinrent aux portes de l'Ecole. Quelques minutes de plus, et une punition sévère leur eût été infligée. Ils en furent quittes cette fois pour une mercuriale qu'ils écoutèrent en silence, uniquement occupés du grand projet qui captivait toute leur imagination.

La nouvelle de ce qui se passait dans la capitale, et de l'effet qu'y avaient produit les sages ordonnances de Charles l'insensé, fut bientôt connue de toute l'Ecole. Chacun le répétait à l'oreille de son voisin, chacun était avide des moindres détails. On aurait voulu interroger hautement Jules et Octave, mais il fallait encore modérer cette noble impatience. Enfin, parmi cette pépinière de héros, il n'y eut qu'un cri : ce fut celui qui s'éleva contre le roi et contre ses odieux ministres.

CHAPITRE XV.

Le 27 juillet.

———

ERNEST parcourt les rues encore désertes de la capitale. Quelques boutiques s'ouvrent dans les quartiers reculés; mais elles restent fermées dans celui du Palais-Royal.

La garde royale, dûment catéchisée, s'y rend, ainsi que quelques détachemens de la ligne, le tout renforcé par des gendarmes, que chaque citadin regarde depuis si longtemps avec haine et mépris.

Ernest considère avec sollicitude ces hostiles apprêts.

Doivent-ils intimider ceux contre lesquels ils sont dirigés? Quant à lui, au lieu d'apaiser son courroux, ils l'augmentent encore.

C'est le sentiment qu'ils doivent exciter dans tous les cœurs.

L'heure où les journaux paraissent habituellement est à peine sonnée. Cependant, déjà le Palais-Royal se remplit de curieux. Chacun désire savoir si les feuilles libérales plieront devant le pouvoir abusif, ou braveront ses arbitraires ordonnances.

On craint, on espère.

De la conduite qu'ils tiendront en ce moment, peut dépendre le gain de la cause, et, sans doute, ils n'abandonneront pas celle pour laquelle ils combattent depuis si long-temps.

Les feuilles ministérielles sont les seules qui se publient. Elles parlent en vainqueur; et dans l'engouement de leur joie, elles laissent éclater les intentions les moins rassurantes contre les vaincus.

La censure, l'odieuse censure, si subitement et si illégalement rétablie, nous empêche de recevoir de précieuses instructions. Le peuple est livré à lui - même. Que va-t-il faire? quel parti prendra-t-il? L'œil de la tyrannie a tout vu ; sa vigilance a tout prévu, tout arrêté.

On repousse avec indignation la radoteuse *Gazette*, la mensongère et vénale *Quotidienne*.

De sourds murmures se font entendre ; ils augmentent avec le nombre des mécontens, et d'énergiques plaintes sont proférées.

La foule indignée s'écoule pour faire place à une autre foule plus indignée encore : chacun va propager son désappointement, et répandre les alarmes qu'il excite. Elles sont fondées ; temporiser est dangereux : le péril est imminent, il faut le surmonter ou périr.

Le parti de garder le silence que furent forcés de prendre les journalistes, servit peut-être plus que tout ce qu'ils auraient pu dire, les intérêts de la nation. Leurs avis, quoique tendant au même but, auraient pu être différens ; chacun aurait adopté celui qui lui eût paru le plus sage : de là une division qui aurait pu devenir dangereuse, tandis que le même sentiment anima les Français et les sauva.

Des groupes se forment partout où on peut se rassembler ; les agens d'une police infâme s'efforcent en vain de les dissiper : on brave leurs menaces ; on les repousse avec fureur. Intimidés, ils se retirent, et, de ce moment, on ne les a plus revus. Aussitôt que les agens et les amis de la tyrannie virent que le peuple se mettait sur la défensive, ils disparurent. Sentaient-ils donc enfin tout ce que la cause qu'ils étaient chargés de défendre avait d'odieux? ou, lâches comme celui qui les faisait agir, cherchèrent-ils leur salut dans la fuite? Les troupes, égarées par un faux point d'honneur, et retenues par leurs chefs, que l'on doit seuls rendre responsables du sang qui a été versé, les troupes seules offrirent une résistance qui leur doit aujourd'hui causer d'amers regrets.

De moment en moment, l'effervescence s'accroît : on discute, on s'échauffe, on se communique ses idées ; on se rassemble ; la multitude grossit comme un torrent impétueux, en criant :

« Aux armes ! »

Ce cri vole de bouche en bouche : en un instant, il s'est répandu par tout Paris.

« A bas Polignac ! à bas les minis»tres ! vive la Charte !!! »

Entend-on de toutes parts : c'est le cri unanime ! c'est l'expression de la volonté de tous. Malheur à qui oserait la contredire!

Mais on marche sans but quoique l'on connaisse bien celui qu'on se propose : on n'a pas encore d'idée fixe : on veut renverser les tyrans; mais on ne sait trop comment attaquer le hideux édifice de leur puissance. L'espoir et l'anxiété se partagent les esprits : on hésite encore : on n'hésite plus.

La révolution a éclaté.

Une guerre à mort est déclarée à nos tyrans : les gendarmes ont chargé le peuple : plusieurs victimes sont tombées sous leurs coups : ils ont versé le sang des nôtres ; celui de nos ennemis doit couler en expiation.

Ernest a été témoin de ce nouvel acte de violence. Ses cheveux se sont hérissés sur sa tête. Il s'écrie en s'adressant à la foule qui l'entoure :

« Amis, laisserons-nous lâchement
» égorger nos frères? irons-nous sans
» essayer de les vaincre tendre la gorge
» à nos bourreaux?.. amis, vengeons
» ces tristes victimes de la tyrannie!
» courons aux armes! mort aux ty-
» rans! mort aux lâches ennemis de
» la France! Vive la Charte! marchons!

— » Marchons! »

Ce discours véhément n'a pas entièrement décidé les auditeurs. Quelques-uns cherchent même à apaiser la fougue impétueuse du jeune homme, et l'engagent à ne pas aussi témérairement s'exposer à un danger éminent :

« Je ne vois que celui que court
» ma patrie, répond-il ; toute consi-
» dération personnelle disparaît de-
» vant celle-là... jamais un élève de
» l'École polytechnique....

—» Quoi! s'écrient plusieurs voix,
» vous êtes élève de l'École poly-
» technique?

— » Je le suis.

— » Nous vous suivons; soyez no-
» tre guide.

— » Et vos camarades ? » demande-t-on.

— « Ils viendront se réunir à nous.

— » Nous sommes sans armes.

— » J'en ai, dit Ernest. »

Et il montre deux pistolets dont il avait eu soin de se munir.

— « Nous en avons, » s'écrient cent voix.

Et aussitôt se découvrent des pistolets, des poignards que jusqu'alors on n'avait pas osé mettre au jour : c'est un témoignage sûr que chacun a songé à se défendre, à faire une résistance vigoureuse.

Un même esprit animait tous ces Français.

« Ne balançons plus, s'écrie Ernest,
» portons les premiers coups.

— » A l'ennemi ! »

Ceux qui n'ont pas d'armes cou-
rent s'en procurer : ils engagent tous
les citoyens qu'ils rencontrent à sui-
vre leur exemple :

« On égorge nos frères, disent-ils,
» armons-nous pour les venger, nous
» défendre et anéantir nos oppres-
» seurs .»

Toute la capitale, cependant, n'é-
tait pas encore entièrement soulevée.
Dans les quartiers retirés on ignorait
presque ce qui se passait dans l'intérieur de Paris, et les faubourgs eux-
mêmes étaient paisibles. Beaucoup

de citoyens n'étaient encore que spectateurs; mais spectateurs impatiens de prendre part à l'action.

Avant de renverser un pouvoir devenu odieux, on en détruisit les simulacres. Les enseignes des marchands brevetés par la cour furent brisées; mais on n'attenta nullement à leurs propriétés.

« Amis, disait Ernest, ce ne sont
» pas ces effigies qu'il faut nous con-
» tenter d'anéantir, ce sont les enne-
» mis de la France, les destructeurs
» de nos libertés , les violateurs de
» nos droits : suivez-moi, et la patrie
» en sera bientôt purgée. »

On demandait quel était ce jeune

homme que l'amour de son pays paraissait transporter, et sur la réponse qu'il était élève de l'École polytechnique, la troupe se grossissait. Des vieillards s'y mêlaient, des adolescens à peine sortis de l'enfance, s'y joignaient, des hommes enfin de tous les rangs et de tous les âges. Le malheur rapproche toutes les distances, sauf à les rétablir lorsque le moment de la crise est passé; mais dans une calamité générale, telle que celle dont nous étions menacés, on oublie tout, on n'est mû que par un désir, celui de se délivrer du fléau qui vient nous accabler, et en est-il de plus redoutable qu'un roi tyran, parjure, gouverné par des hommes sans foi, esclaves du plus cruel des ennemis des hommes, du sombre fanatisme qui depuis si long-temps faisait siffler autour de nous les serpens de la discorde?

CHAPITRE XVI.

La Rue Saint-Honoré.

La fusillade continuait. Chaque coup faisait bouillir le sang d'Ernest. Il se précipita, suivi des siens, vers l'endroit d'où ils partaient. Oh! horreur, déjà le sol natal était couvert de ses enfans immolés, déjà il était rougi de leur généreux sang.

A ce terrible aspect, Villecourt sentit croître dans son âme et le désir de la vengeance et la haine des tyrans.

« Vengeons-les ! » s'écria-t-il.

— » Vengeons-les! » répétèrent mille voix.

Et ils s'élancèrent sur la troupe ennemie souillée du sang de ses concitoyens.

Ses deux coups atteignirent deux coupables, et plusieurs de ses compagnons firent mordre la poussière aux esclaves de l'absolutisme. Hélas ! tout coupables qu'étaient ces esclaves, ils n'en étaient pas moins des enfans de la France.

Roi barbare, inepte et cruel tyran! tes exactions seules avaient cependant allumé l'horrible flambeau de la guerre civile dont la capitale était le théâtre. Au lieu de chercher à l'éteindre, tu ne voulus que le rendre plus ardent, et il ne dépendit pas de toi de faire un vaste désert de notre belle patrie. Heureusement, ceux mêmes que ta rage impuissante avait proscrits veillaient à sa conservation et en secouant le joug de fer sous lequel tu voulais les asservir, ils rendirent nuls tes odieux projets et rendirent à la France et son éclat et sa gloire.

Les gendarmes, un moment repoussés, reparaissent et font une nouvelle décharge : les balles sifflent aux oreilles de Villecourt : les siennes, plus habilement dirigées, frappent l'ennemi. Un de ses compagnons tombe blessé à côté de lui. S'il l'abandonne, il va être foulé aux pieds des chevaux et sa perte est certaine : en voulant le secourir, peut-être il partagera son sort. N'importe, il le relève, fend la foule avec son précieux fardeau, en s'écriant :

« Amis, vengez-le ! »

Et parvient à soustraire l'infortuné à une mort inévitable.

Chacun s'empresse d'offrir l'hospitalité à celui qui vient de verser son sang pour la cause commune : les soins les plus grands lui sont prodi-

gués. Il serre la main de son libéra-
teur qui la presse à son tour, et vole
affronter de nouveaux dangers.

Un régiment de la garde occupe la
place du Palais-Royal : il s'empare de
toutes les issues. Les habitans sont pri-
sonniers dans leurs demeures. Quiconque cherche à pénétrer dans les rangs
de cette troupe fanatisée, est certain
d'y rencontrer la mort. Les plus paisibles citoyens qui circulent dans les
environs sont brutalement arrêtés et
conduits auprès des chefs. On leur
fait subir le plus minutieux interro-
gatoire, on les retient malgré leurs
réclamations, heureux quand on ne
joint pas les voies de fait à l'outrage.
Ces indignes traitemens sont l'effet
des ordres de Polignac et consors : il

ne tient même qu'aux officiers de les outrepasser. Leur pouvoir à cet égard n'a point de bornes ; il a cela de commun avec l'ambition, la cupidité et la perfidie des anciens chefs de l'état.

La fusillade a cessé pour un moment. Chaque parti en profite pour donner des secours à ses blessés et enlever le corps de ceux qui ont succombé dans la lutte.

De la troupe que conduisait Ernest, une partie se dirige vers la rue Saint-Denis, l'autre reste inactive. Le renfort qui vient de leur arriver rend les gendarmes plus insolens : ils bravent le peuple, ils l'insultent. Ils reçoivent l'ordre de *déblayer* la rue, et un nouveau combat s'engage.

Ernest sent l'acier homicide effleurer son sein, en même temps qu'une balle perce de part en part son chapeau qui tombe à ses pieds. Il évite le coup mortel : un moment il a courbé la tête : il se redresse furieux. Il a reconnu son ennemi, l'atteint, le frappe et le voit rouler inanimé à quelques pas de lui. Il enlève le sabre de ce malheureux et fond sur ses complices. Plusieurs sont immolés; mais la valeur ne rend pas invulnérable. Un coup qu'il reçoit au front fait jaillir son sang, il en est inondé : sa vue s'obscurcit : son bras ne porte plus que des coups mal assurés : il chancèle : il tombe.....

Mille bras s'ouvrent pour le recevoir, mille bras se lèvent pour le venger. Témoins de sa bravoure, les compagnons d'Ernest ne l'abandonneront pas. On le porte évanoui dans la maison où peu d'instans auparavant lui-même, au péril de sa vie, a transporté un de ces concitoyens. Un médecin qui venait de panser ce dernier, reporte ses soins sur Villecourt. Chacun tressaille de plaisir lorsqu'on annonce que sa blessure n'est ni dangereuse, ni profonde. On tremblait pour les jours d'un jeune héros qui les exposait si généreusement pour le salut de sa patrie.

Le sang fut bientôt étanché ; presqu'aussitôt, il reprit ses sens :

« Ce ne sera rien, dit-il, une heu-
» re de repos suffira pour ranimer

» mes forces, et je pourrai retourner
» où l'honneur m'appelle.'

» — La prudence exigerait que
» vous ne sortissiez pas d'aujour-
» d'hui.

» — C'est possible, mais mon sa-
» lut m'est moins précieux que celui
» de la France. Je me sens trop fort
» pour me condamner à une lâche
» inaction. »

Tels étaient les sentimens de
toute la jeunesse française. Combien
fallait-il qu'ils fussent profondément
gravés dans son âme, pour que les
efforts criminels de nos jésuitiques
despotes ne les eussent pas extirpés.
Ils se flattaient d'y être parvenus au

moment même où elle allait les forcer d'en reconnaître les prodigieux
effets.

CHAPITRE XVI.

Les Ordonnances.

LA rue Saint-Honoré n'était pas le seul théâtre de ces sanglantes scènes. Elles se répétaient dans la rue Saint-Denis, sur les quais, sur les boulevards et dans les environs des halles. Partout l'effervescence était à son comble.

On décrochait et on brisait les lanternes.

Ils étaient loin, les auteurs de tant de maux, de s'attendre à un élan si subit et aussi général. Etonnés d'abord, la crainte vint bientôt se joindre à la stupéfaction.

— « On s'est trop hâté, disait » l'un.

— » Je l'avais prévu, disait l'au- » tre.

» — Si j'avais été prévenu du coup » d'état que l'on méditait, murmu- » rait celui-ci, je ne m'y serais pas » prêté d'autant que j'aurais vu que » l'on n'avait pas pris toutes les pré- » cautions nécessaires pour en assurer » le succès.

— » C'est une imprévoyance im-
» pardonnable, murmurait celui-ci,
» et toutes les conséquences en re-
» tomberont sur nous. »

Il est vrai que Charles X n'avait
pas consulté tous ses ministres pour
la rédaction des fameuses ordonnances. On reconnaît cependant que
Peyronnet y avait mis la main, mais
c'est à Polignac que nous en devons
l'heureuse idée. Notre courage a fait
tourner à notre avantage, ce qui
devait causer notre perte, mais l'intention n'en est pas moins coupable,
et tout le sang de celui qui put la
concevoir ne saurait effacer, ni ex-
pier son crime.

L'ex-roi *travaillait* ordinairement

avec ses ministres, après avoir dévotement entendu la messe, et cela le dimanche comme tous les autres jours, ce qui n'était peut-être pas très-orthodoxe. Les commandemens de l'église défendent expressément de *travailler* le dimanche, mais les rois peuvent bien avoir le privilége d'intervertir un peu ces ordres sacrés, sans que cela tire à conséquence pour le salut de leur âme; et puis on n'a pas un confesseur pour rien.

Charles, après avoir invoqué l'esprit-saint qui, il faut en convenir, sans cependant lui en faire un reproche, ne l'inspira pas trop bien en ce moment, Charles se décida à frapper le grand coup. Tout était préparé à cet effet.

Les ordonnances sont prêtes, il les signe, sans se douter qu'il signe en même temps sa déchéance. Mais comment pourrait-il concevoir une telle idée? Polignac lui a dit:

« Je réponds de tout! »

Et avec une telle assurance, que le faible tyran a été convaincu qu'il pouvait, sans aucun risque, violer tous ses sermens, sans que le peuple pensât qu'en agissant ainsi son roi le dégageait des siens.

Les ordonnances sont signées: le digne président des ministres est loin de se douter de l'effet qu'elles vont produire; mais comme elles peuvent au moins exciter quelque mécontentement, il ne veut pas qu'il retombe sur lui seul. Il veut donc que tous ses collègues appuient de leur signature l'acte odieux qui annulait la Charte et nous courbait sous le joug féodal.

Les ministres sont assemblés, car l'office divin, auquel ils ont assisté avec un jésuitique recueillement, est terminé. Ils attendent le roi; ce n'est pas lui qui se présente, c'est Polignac.

Il montre les ordonnances : il ordonne, au nom du roi, à chacun de ces messieurs, d'y apposer leur seing, après, ou sans les avoir lues, ils peuvent opter. Mais il faut qu'ils obéissent et sans réplique aucune, ou qu'ils remettent à l'instant même leur portefeuille.

Remettre son portefeuille ; cela sonne mal à l'oreille d'un ministre, Peyronnet donne le branle à l'honorable assemblée : il paraît lire ce que lui-même a rédigé et signé ; puis, poliment, il offre la plume à son voisin qui en fait autant, et ainsi de tout le reste.

Pas un n'oppose la moindre résistance, pas un ne hasarde la moindre représentation. Tous craignent d'encourir une disgrâce, de s'exposer au courroux du roi, qui n'est pas trop bon quand il s'y met ; mais aucun ne songe qu'il s'expose à celui du peuple.

La séance est terminée: c'est assez de besogne pour un jour, surtout pour un dimanche.

— « Personne n'a fait d'objection? dit le roi.

— » Mon Dieu, sire, c'est une » chose si simple, répondit le sata- » nique président, que ça a passé » comme toute autre chose.

— » Eh bien, pourtant, cela me » tracasse, je vous l'avoue.

— » Sire, le temps est magnifique, » pourquoi votre majesté, pour se » délasser de ses nobles travaux, ne » ferait-elle pas une partie de chasse?

— » Heureuse idée! je la mettrai » demain à exécution.... Cependant,

» la dauphine me revient toujours à
» l'idée.

— » Chassez-la.

— » Qui?

— » Cette idée malencontreuse.
» D'ailleurs, ne vous l'ai-je pas dit,
» sire, je réponds tout.

— » Les députés crieront.

— » Nous trouverons le moyen de
» les faire taire. D'ailleurs, tous les
» chiens qui aboient ne mordent
» pas. »

Cette charmante épigramme excita la gaîté du souverain, qui ne
la trouva pas du tout inconvenante,
et Polignac lui-même, étonné d'a-

voir lâché une si bonne pointe, ne se sentait pas d'aise.

Il se trompa pourtant ; les chiens n'aboyèrent pas, mais ils mordirent, et si fort, qu'ils emportèrent le morceau. En outre, leur blessure est mortelle, et tous ceux qui en ont été atteints n'en guériront jamais.

CHAPITRE XVII.

Une Victime.

POLIGNAC s'efforçait pourtant encore de conserver quelque espoir. Fort de la main-levée que lui avait donnée l'indigne monarque, il allait en user. Il croyait avec tout son appareil de guerre en imposer au peuple que la mort même n'effrayait plus.

Les affaires étaient suspendues. Une seule occupait et animait tous les esprits. Si dans cette journée à jamais mémorable, où chacun agissait d'après sa propre impulsion, on avait eu des chefs, tout aurait été immédiatement terminé. On en demandait, on en voulait, il ne s'en présentait aucun.

On voulait être sûr de la majorité avant de lui prêter son appui.

Le peuple avait entrepris une tâche, c'était à lui de l'achever.

Le peuple a atteint son but. Que les chefs de son choix se le rappellent.

Les troubles allaient toujours crois-

sant. De minute en minute, ils deve-
naient plus inquiétans pour les uns et
plus rassurans pour les autres.

Dieu sait tous les vœux qui lui furent adressés pour que la cause du
peuple fût perdue : mais ainsi que les
prières des damnés qui, disaient-ils,
tournent contre eux-mêmes, celles
des dévôts ne furent nullement exau-
cées.

Un trait de barbarie, dont il faut
avoir été témoin, pour garantir l'au-
thenticité en vint encore exaspérer
les esprits.

Un jeune homme qui avait descendu la rue du Lycée désirait tra-
verser la place du Palais-Royal. Il de-

mande à plusieurs soldats qui en gardent les issues s'il peut sans danger effectuer son projet. On lui répond par l'affirmative : il s'avance avec confiance.

A peine a-t-il fait quelques pas qu'une douzaine d'hommes s'élancent sur lui. Surpris de cet acte de violence, il se débat avec vigueur, et parvient un instant à écarter les assaillans. Bientôt il est terrassé, on le fouille et on trouve sur lui un petit pistolet de poche.

Son arrêt de mort est prononcé, on l'entraîne : il veut en vain prouver qu'il n'avait aucune intention hostile.

« Qu'il meure ! »

Crie-t-on dans les rangs:

Il s'appuie contre une colonne, ouvre son habit, découvre sa poitrine et crie :

« Vive la France ! »

Il tombe frappé du coup mortel.

Un cri d'horreur s'élève jusqu'aux cieux. Tous les témoins de cette horrible scène de sang sont glacés de terreur.

« Vengeance ! vengeance ! »

Demande-t-on.

Ernest apprend le tragique événement. On veut le retenir : il s'échappe, il s'élance : la victime est vengée : deux de ses assassins sont immolés.

La mère de l'infortuné qui gisait privé de la vie, a presque été témoin de son supplice : hors d'elle-même, elle a quitté sa demeure, elle s'est précipitée pour réclamer les tristes restes de son fils : on les lui refuse : elle ne peut même jouir de la triste consolation d'ensevelir le cadavre de celui qui lui dut la vie.

L'air retentit de ses cris perçans : elle appelle toutes les vengeances du ciel sur les assassins de son fils : elle maudit l'odieux tyran qui commande le carnage. Ses imprécations sont aussi fortes que sa douleur, et quelles angoisses peuvent être comparées à celles d'une mère qui voit étendu mort à ses pieds, un fils, objet de toutes ses affections et sur qui reposaient toutes ses espérances ?

Ernest a compassion de cette infortunée. Quels que soient les dangers qu'il y a à vouloir parvenir jusqu'à elle, il ne craint pas de le tenter. Bientôt il est auprès d'elle.... il lui parle, il l'appelle sa mère... Tout-à-coup elle fixe sur lui des yeux hagards.... elle le saisit, elle l'entraîne....

« Viens, viens, s'écrie-t-elle ; ils te
» tueraient comme lui !... »

Elle s'arrête, elle tombe..... Ses yeux conservaient encore leur expression farouche ; mais elle avait vécu. La douleur que lui avait causée la perte de son fils, avait brisé les liens qui retenaient son âme captive.

« Oh ! ma mère, » disait Ernest en jetant sur le cadavre un regard douloureux, « serait - ce là le sort qui » nous est réservé !... Puissé - je, au » moins, avant de recevoir le coup » mortel, voir ma patrie délivrée de » ses odieux tyrans ! »

Le généreux jeune homme essuya les larmes que cette scène affreuse avait excitées. Les guerres civiles en présentent souvent de plus effrayantes encore. Plus de parens, plus d'amis alors : tous les liens sont brisés... Malheur au pays que cet horrible fléau désole! il faut des flots de sang pour assouvir sa rage... Malheur aux tyrans qui y exposent leurs peuples ! Celui qui a failli l'attirer parmi nous en avait pu déjà, cependant, contempler les horreurs; mais une obstination stupide rendait nulles chez lui les sévères leçons de l'expérience. Il aima mieux sacrifier sa couronne que de régner sur un peuple libre. Esclave lui-même, c'était des esclaves qu'il voulait gouverner.... Justice a été faite. Un bannissement honteux n'est sans doute pas le châtiment que lui a fait encourir son parjure; mais la vie n'est pas le moindre supplice que l'on ait pu lui infliger : de quels amers regrets elle doit être empoisonnée, l'existence de celui qui perd ainsi, par sa faute, la plus belle couronne du monde !

CHAPITRE XVIII.

Lâches Efforts.

INFORMÉS de ce qui se passait dans l'intérieur de la ville, les faubourgs ne commencèrent qu'alors à manifester leurs véritables sentimens. Comprimés jusqu'à ce moment, ils n'en éclatèrent qu'avec plus de vivacité. On ne craignait déjà plus de faire connaître son opinion ; on la disait hautement. Ceux qui ne pensaient pas comme la presque totalité de la France, avaient soin, ou par lâcheté ou par honte, de ne pas le témoigner publiquement. Il en était de même de tous les misérables agens des jésuites, serviles adulateurs de l'absolutisme, et des jésuites eux-mêmes. Aucun ne se présenta pour soutenir les droits de ce qu'ils appelaient la *légitimité*.

Ils se contentaient, sans doute, d'adresser au Ciel de stériles vœux, que le Ciel, las de leurs forfaits, repoussa avec horreur.

N'était-ce donc pas commettre un odieux blasphême, que d'oser supplier un Dieu juste de faire triom-

pher la cause de l'injustice et du parjure ?

Egoïstes comme leur maître, les
esclaves du despotisme n'exposèrent
pas leurs jours pour le défendre. Ils
attendaient leur salut de ces troupes
que leurs chefs forçaient à marcher
contre leurs frères. Ils les avaient sé-
duites par ces trompeurs sophismes
dont le jésuitisme est si prodigue.
D'astucieuses promesses en avaient
également ébloui un grand nombre : un devoir mal compris égarait
le reste. On ne leur laissa pas le
temps de la réflexion : elle eût été
funeste aux traîtres qui leur ven-
daient, pour ainsi dire, la tête de
chacun de nous.

Nos succès dans les Etats barba-
resques avaient complètement ébloui
les chefs du gouvernement, et surtout le président des ministres, homme dont la cruauté pouvait seule
égaler l'ineptie.

Il voulait traiter les Français comme les esclaves du harem, et mettre
en vigueur à Paris le code d'Alger.

Cette innovation lui parut si facile, que, pour en assurer le succès, il ne crut pas nécessaire de
prendre la moindre précaution. En
vérité, M. de Polignac connaissait
bien le peuple français.

« Il était sûr, disait-il, de l'esprit
» de l'armée. »

Il ne s'inquiétait nullement de l'esprit du peuple.

Le peuple pour le prince de Polignac!!! Mais il ne lui arrivait jamais de s'abaisser jusqu'à lui. Eh! que pouvaient sa haine et son mépris contre le ministre favori d'un roi de France?

Ce qu'ils pouvaient contre ce roi lui-même, ce que le peuple pourra contre tous ceux qui voudront attenter à ses droits et l'avilir jusqu'à l'indigne condition d'esclave.

Charles X, aussi fanatique et plus perfide, s'il est possible, que Charles IX, espérait comme lui rencontrer dans chaque soldat un bourreau avide du sang de ses frères.

Il était impossible qu'il ne fût pas promptement détrompé.

On peut égarer un cœur généreux; mais il reconnaît bientôt sa faute et la répare.

Charles voulait une Saint-Barthélemy de libéraux, et c'est aux libéraux qu'il doit la vie.

C'est eux qui devront pourvoir aux besoins de sa honteuse vieillesse, de ses derniers jours qui s'écouleront dans un ignominieux exil, les remords seuls l'y suivront..... mais pour les éprouver, il faut à l'âme une vigueur dont celle de Charles est dépourvue.

L'ex-roi de France se croira dé-

dommagé de la perte de ses états
s'il peut chasser à discrétion, et ce
n'est pas être trop exigeant.

CHAPITRE XX.

Le 5ᵉ de ligne.

Quoique vivement ému et souffrant, Ernest continuait à affronter les dangers. On aurait pu croire qu'il n'en existait pas pour lui, tant il les bravait avec sang-froid et courage. Tantôt par son exemple, tantôt par ses discours, il excitait ses braves compagnons. Partout où on se battait, on était sûr de le rencontrer.

Les Suisses et la garde royale obéissaient aveuglément aux ordres qui leur étaient donnés ; mais la ligne eut le courage d'opposer une noble résistance.

Ernest, que la fatigue et la douleur avaient forcé à prendre quelques momens de repos, se trouvait dans la rue où stationnait le 5ᵉ régiment de ligne.

Dans ces parages, comme dans ceux qu'il venait de quitter, les cris de

« Vive la Charte !

» A bas les tyrans ! »

retentissaient de toutes parts.

Un courrier arrive : il est porteur de dépêches qu'il remet aux chefs. Leur lecture les fait tressaillir d'horreur. On leur ordonne de faire feu sur le peuple ameuté. On jugera de leur zèle et de leur dévouement, par leur exactitude à obéir. On sévira contre ceux qui feront preuve de tiédeur ou de mauvaise volonté, mais on récompensera les *braves* qui se seront signalés. Ces menaces et ces promesses restent sans effet : le soldat ne se déshonorera pas pour se soustraire aux effets des unes et acquérir des droits aux autres. Il ne tirera pas. Il l'énonce énergiquement. Les chefs approuvent cette patriotique désobéissance, aiment mieux briser leurs épées que de s'en

servir pour égorger leurs concitoyens. Cette noble fermeté pé-
nétra tous les cœurs de la plus
vive gratitude. On l'exprima hautement, et la conduite héroïque de
ces braves ne contribua pas peu à
nos glorieux succès. Elle inspira de
la confiance, elle ranima le courage.
Cet acte de patriotisme en inspira
mille autres. Une noble émulation
s'empara de chaque Français : tous
voulurent aussi bien mériter de la
patrie.

Aux cris de

« Vive la liberté !

» Vive la Charte !

» A bas les tyrans ! »

se mêlaient des cris de joie : le bourgeois embrassait le soldat qui l'avait
épargné.

Nos oppresseurs eussent tremblé
s'ils avaient pu être témoins de cette
scène attendrissante. Elle était pour
eux d'un sinistre augure. L'orage
qui grondait sur leur tête devenait
de plus en plus redoutable : il allait
bientôt éclater.

On voulait le dire à Charles, on
voulait le prévenir de l'exaspération
de ses sujets : on voulait le sauver
enfin, il repoussa toute confidence,
tout avis qui pouvaient le mettre à
même de prévenir le coup terrible
qui allait l'accabler. Il n'avait rien
à redouter, et n'éprouvait d'autre

crainte que celle de ne pouvoir aller chasser le lendemain.

Une telle obstination, une apathie aussi constante, étaient une suite naturelle de son inepte crédulité. Polignac qu'il ne cessait de consulter, s'appliquait à dissiper les inquiétudes qu'il pouvait concevoir, en l'assurant qu'il n'y avait pas l'ombre de danger à redouter.

L'infâme se doutait déjà bien que la partie était perdue; mais comme il savait qu'elle l'était pour lui, de telle manière que tournassent les choses, il voulait tout mettre en œuvre pour tenter un succès, sauf à entraîner le faible monarque dans sa perte. Il l'entraîna effectivement.

Des hommes, chez lesquels l'air contagieux qui régnait à la cour n'avait pas encore éteint tout sentiment d'honneur, avaient eu le courage de protester contre les complots du roi de France. Ils voulurent essayer de prouver sa perfidie à ceux-même qui devaient bientôt gémir d'avoir prêté l'oreille à ses odieuses insinuations. Pour prix de leur zèle, ils faillirent perdre leur liberté : il est vrai qu'elle n'eût pas été long-temps compromise. L'aveugle Charles menaça de sa disgrâce ceux qui osaient prendre ses intérêts, comme si sa disgrâce avait pu dès-lors être considérée comme un malheur. Lui-même n'était-il pas déjà disgracié : ne s'était-il pas ravi la plus belle couronne du monde? L'insensé! peut-être la pouvait-il encore retenir. Pour notre bonheur, il ne le voulut pas.

Pour intimider la multitude, les amis de la minorité, rares et confus, répandaient des bruits effrayans.

Le prince de Polignac n'avait fait ce coup d'état que lorsqu'il avait été certain de l'approbation des puissances alliées : l'Autriche et la Russie lui avaient promis chacune cent cinquante mille hommes pour le soutenir : ils étaient prêts à marcher sur Paris, et un nombre plus considérable encore si besoin était. Le duc de Wellington avait également promis son assistance aux ministres: ainsi la guerre allait être déclarée; les étrangers allaient de nouveau envahir la France, mettre tout à feu et à sang dans les campagnes, ravager les villes. La famine devait être le premier fléau que nous allions avoir à supporter. Paris manquait de provisions: déjà les comestibles étaient considérablement augmentés; et pour le peu que les troubles durassent, on allait manquer de pain. Puis, on n'oubliait pas de rappeler les horreurs de quatre-vingt-treize, et on affirmait que bientôt elles allaient se renouveler.

Des bruits aussi sinistres étaient bien capables de porter l'effroi dans les cœurs; mais, heureusement, ils n'étaient pas fondés. Tous les amis

du bien public démentaient hautement ces bruits mensongers.

« N'ajoutez pas foi, s'écriait Ernest,
» à ces nouvelles méchamment ré-
» pandues. Français, elles ne sont
» que l'expression des vœux de nos
» ennemis; mais toutes sont fausses
» et ne doivent ni ralentir notre zèle
» ni nous intimider un moment. Il
» n'est pas vrai que l'étranger arme
» contre nous; mais osât-il soutenir
» nos tyrans, quel citoyen recu-
» lerait devant lui? En attendant,
» vengeons-nous de nos oppresseurs,
» et ôtons-leur la possibilité de nous
» nuire plus long-temps.»

Mille acclamations accueillirent ce

discours : les cris de « Vive la France ! mort aux tyrans ! » y répondirent.

Ceux qui espéraient faire partager leurs feintes alarmes, reconnurent qu'ils devaient renoncer à leurs détestables projets, la réussite n'en était pas probable, et leurs infructueuses tentatives les exposaient à d'éminens dangers qu'ils ne se souciaient nullement de braver.

Le faubourg Saint-Germain offrait jusqu'alors un contraste frappant avec le reste de la ville. Tandis que les troubles éclataient de toutes parts, que l'on s'égorgeait dans l'intérieur de Paris, d'élégantes calèches sortaient des brillans hôtels et se dirigeaient vers le bois de Boulogne. Ce contraste avait quelque chose de choquant. Il semble que dans une circonstance aussi grave, ceux qui ne voulaient pas travailler au salut de la patrie, ne devaient pas au moins, témoigner une aussi profonde insouciance.

Une de ces voitures était remplie de femmes charmantes, et mises avec la plus exquise élégance : «Tiens, » dit *une femme du peuple* à une de » ses voisines, regarde-les donc ces » dames, elles ne se sentent pas de la » misère, et n'ont probablement pas » de parent parmi ceux qui se battent » pour la cause de la liberté !

— »Eh! dit l'autre, ne vois-tu donc » pas qu'elles vont chercher le fau- » bourg Saint-Antoine? »

Et cette saillie excita le rire de tous ceux qui furent à portée de l'entendre.

Déjà cependant un grand nombre de citoyens avaient perdu la vie en combattant pour la plus sainte des causes.

Ernest se multipliait pour assurer le triomphe de ses frères ; mais il était inquiet de ne voir se réunir à lui aucun de ses camarades.

Jules et Octave, qui, la veille, avaient été témoins de ce qui s'était passé au Palais-Royal, devaient en avoir instruit leurs amis. Il était impossible que tous ne se rangeassent pas du côté du peuple. Leurs sentimens lui étaient trop connus pour qu'il en pût douter un instant. Comment pouvait-il donc se faire qu'aucun ne parût encore?

Sans doute, on les forçait à une inaction qui ne pouvait convenir aux principes qu'ils professaient; et déjà, plusieurs fois, il avait été question d'eux, et Villecourt assurait que d'un moment à l'autre ils allaient paraître.

FIN DU PREMIER VOLUME.

TABLE

DU TOME PREMIER.